杨时与朱熹渊源录

吴福瑞 著
政协将乐县委员会 著

海峡出版发行集团 | 福建人民出版社
THE STRAITS PUBLISHING & DISTRIBUTING GROUP | FUJIAN PEOPLE'S PUBLISHING HOUSE

图书在版编目（CIP）数据

杨时与朱熹渊源录 / 吴福瑞著 . --福州：福建人民出版社，2022.12

ISBN 978-7-211-08955-0

Ⅰ.①杨… Ⅱ.①吴… Ⅲ.①杨时（1053—1135）—传记 ②朱熹（1130—1200）—传记 Ⅳ.①K825.1②B244.75

中国版本图书馆 CIP 数据核字（2022）第 224409 号

杨时与朱熹渊源录

YANGSHI YU ZHUXI YUANYUAN LU

作　　者： 吴福瑞
责任编辑： 林　顶
责任校对： 李雪莹
出版发行： 福建人民出版社　　**电　　话：** 0591-87533169(发行部)
网　　址： http://www.fjpph.com　　**电子邮箱：** fjpph7211@126.com
地　　址： 福州市东水路 76 号　　**邮政编码：** 350001
经　　销： 福建新华发行（集团）有限责任公司
印　　刷： 福建建本文化产业股份有限公司
地　　址： 福州市仓山区建新镇十字亭路 4 号
开　　本： 700 毫米×1000 毫米　1/16
印　　张： 7
字　　数： 87 千字
版　　次： 2022 年 12 月第 1 版　　2022 年 12 月第 1 次印刷
书　　号： ISBN 978-7-211-08955-0
定　　价： 38.00 元

本书如有印装质量问题，影响阅读，请直接向承印厂调换。

Contents

目录

程氏正宗 儒林仪表

——将乐历史名人杨时概述（代前言）

杨时是我国传统儒学向宋明理学发展演化过程中具有重要地位和影响的人物。他立雪程门，“学传东洛，道倡南闽，辟邪翼正，继往开来”“有功于前圣，有功于后学”（明程敏政《杨龟山先生通纪》），“言正而行端，德闳而学粹”（宋高宗赠左太中大夫诰），被东南学者推为“程氏正宗”（《宋史·杨时传》）。宋代著名的理学大师朱熹在其画像上题赞曰：“孔颜道脉，程子箴规，先生之德，百世所师。门下生朱熹拜赠。”宋代抗金英雄、丞相李纲则称其“儒林仪表，国家栋梁。风云翰墨，锦绣文章”。他的理学思想，不仅在国内广为传播，还流入高丽、日本等国，为传承中华优秀传统文化做出了重要的贡献。

一、杨时生平简介

杨时（1053—1135），“字中立，世居南剑将乐县北之龟山”“性至孝，幼丧母，哀毁如成人”。生母去世后，杨时在蛟湖的舅舅陈京的“夫人扶存之，视犹子也”，其祖母朱氏也“朝夕抚养，必知其燠寒疾痛。缀完辑敝，悉躬为之。比其成人，教以义方”。（宋黄去疾《龟山先生文靖杨公年谱》）

杨时幼时，曾与蔡安礼及“西斋诸友”跟随县城内西斋的杨希旦先生学习。“其善言仪行，固已饫闻习见之矣”“年八岁，能赋诗。人皆称之”“年九岁，能做赋”“十五岁，潜心经史，游邵武学有声”。二十一岁，“筑室读书于含云寺”，并得到寺中住持庆真禅师的指教，“与真师游非一日矣”“听其言，考其所知，益信其贤”。年二十二，讲学读书于含云寺。作有《礼记解义》。熙宁九年（1076），“年二十四岁，登状元徐铎榜进士”“年二十九，授徐州司法”“调官不赴，以师礼见程颢于颍昌，相得甚欢。其归也，颢目送之曰：‘吾道南矣。’”元丰八年（1085），程颢因党争获罪病逝，许多人避犹不及，而“时闻之，设位哭于寝门，而以书讣告同学”。至是，“又见程颐于洛，时盖年四十矣。一日见颐，颐偶瞑坐，时与游酢侍立不去。颐既觉，则门外雪深一尺矣”。（《宋史·杨时本传》）

杨时“杜门不仕者十年。久之，历知浏阳、余杭、萧山三县，皆有惠政，民思之不忘。张舜民在谏垣，荐之，得荆州教授。时安于州县，未尝求闻达。而德望日重，四方之士不远千里从之游，号曰龟山先生”。（《宋史·杨时本传》）

杨时每到一地做官，都要邀集士子讲学，特别是从五十九岁时开始，为了“倡道东南”，传播理学，曾先后在晋陵、毗陵（今镇江、常州、无锡）一带讲学授徒，累计达十多年。清顾贞观《顾端公（宪成）年谱》载：“（无）锡故有东林书院，宋杨龟山先生所居。杨先生令萧山，归依邹忠公志完（浩）于毗陵（常州）。忠公寻卒，依李忠定公伯纪（纲）于梁溪（无锡）……往来毗陵、梁溪间，栖止东林，阐伊洛之学。”

宣和五年（1123），先生年七十一。“是岁，给事中路允迪、中书舍人傅墨卿使高丽。国主问：‘龟山先生今在何处？’二人对：‘见召赴阙。’使回，即奏闻。有旨召赴都堂审察。公以疾辞。”次年，“三韩使人将至，传公虑前言之不信也，遂力荐于朝。冬十月，御笔以秘书郎召，仍令上殿。”（宋黄去疾《龟山先生文靖杨公年谱》）后迁著作郎。除迩英殿说书。钦宗时，除右谏议大夫兼侍讲，又兼国子监祭酒。寻改给事中，除徽猷阁直学士。高宗时，官至工部侍郎，除龙图阁直学士。“晚年被召，致位通显。其所论谏，一本于道，匡时补弊之策，的然可行。说者谓能用其言也，须救得一半，特其言不用，而使事功不见于当时，惜哉！”（明李熙《龟山先生集序》）

建炎二年（1128），“冬十一月，先生还南剑之镛州。有旨令先生乘骑赴用，先生具辞，乞致仕。高宗曰：‘卿虽年老，精力未衰，才高德厚，计智明辨，谋为有声，朕不允其退。’”又具辞。遂除龙图阁直学士，提举杭州洞霄宫，赐对衣金带，紫金鱼袋，先生上表谢辞。又赐官绢二百匹、白银三百两，以养天年。先生辞，唯恳乞恩惠于八闽，山无米，地无租。圣旨即准，永为优免，至今闽人思之。先生自维扬还南剑之镛州。（清毛念恃《文靖杨龟山先生年谱》，此节以下引文皆出此年谱）

“三年己酉（1129），先生七十七岁。还龟山之故居”，以著书讲学为事。“先生深造有年，道学纯一，名望益尊。四方学者从之游，月无虚日云”“绍兴五年（1135），先生八十三岁，居乡。二十四日，卒于正寝”“冬十月二十二日，葬先生于镛州水南之原，土名乌石排”“是年，赠左太中大夫，又赠太师太中大夫，谥文靖”“绍兴十二年（1142），追封吴国公”。

“咸淳三年（1267），立龟山书院。御笔赐‘龟山书院’额。仍诏郡县拨田养士，优恤其后，而春秋祭焉”“大明成化元年（1465），敕建本府道南祠，祀先生，以罗豫章、李延平配享。弘治八年（1495），追封将乐伯，从祀孔庙”“大清康熙四十五年（1706），允学臣沈涵疏，赐御笔书祠额曰‘程氏正宗’”。

杨时传世著作有《书义》《周易解义》《礼记解义》《春秋义》《大

学解》《中庸义》《论语义》《列子解》《庄子解》等，而最重要的是《二程粹言》和《龟山集》。

二、杨时的主要贡献

（一）追随二程，尊师重道，在洛学向闽学的过渡中发挥了桥梁和纽带的作用，被尊为“程氏正宗”“闽学鼻祖”

明何乔新《道南祠记》载：“矧七闽僻在南服，自薛令之以进士举，士知科目之荣矣；自欧阳詹以文学显，士知文章之重矣。至于道学之说，则概乎未闻。及河南二程夫子得孔孟不传之学于遗经，其学则行于中州，未及南国。（龟山）先生以绝伦之资，生于此邦，闻程夫子之道，北之河洛而学焉，穷探力索，务及其趣。及辞归，程子送之曰‘吾道南矣’。故一传而得豫章，再传而得延平，三传而得紫阳朱夫子，集诸儒之大成，绍孔孟之绝绪，其道益光。而西山蔡氏、勉斋黄氏、九峰蔡氏、北溪陈氏相继而兴，闽之道学遂与邹鲁同风，其波及四方者，皆本于闽。呜呼盛哉，揆厥所自，先生之功大矣。”从这一记载中可以看出，一是当时福建地方偏僻，文化开发较迟，道学之说尚“概乎未闻”，是杨时去河南向二程学习，才把它载道而南，传给罗从彦，罗从彦又传给李侗，李侗再传给朱熹；二是朱熹“集诸儒之大成”，建立起一个博大精深的考亭学派，使“其道益光”；三是在蔡元定、黄勉斋、蔡沉、陈淳等人的共同努力下，福建的文化“相继而兴”，得到进一步的开发，成为堪与孔孟家乡相媲美的“海滨邹鲁”，而杨时则是学连洛闽的关键人物。

据《宋史·列传》载：“熙宁九年（1076），（杨时）中进士第。时河南程颢与弟颐讲孔孟绝学于熙丰之际，河洛之士翕然师之。时调官不赴，以师礼见颢于颍昌，相得甚欢。其归也，颢目送之曰：‘吾道南矣。’四年而颢死，时闻之，设位哭于寝门，而以书讣告同学者。至是，又见程颐于洛，时盖年四十矣。一日见颐，颐偶瞑坐。时与游酢侍立不去，颐既觉，则门外雪深一尺矣。”

杨时去见程颢、程颐，是游酢带去的。游酢比杨时早九年（1072）从学于大程，而且后来又与杨时共同传下了“程门立雪”的佳话。二人同为程门高弟。朱熹既是游酢的二传弟子（曾拜游酢的外甥及学生黄中为师），也是杨时的三传弟子（曾拜杨时学生的学生李侗为师）。游酢的《易说》《论语杂解》《孟子杂解》等，也是理学的重要著作。因此朱熹曾有一副对联称赞游酢、杨时对理学南传的贡献：“道南首豸山（游酢的号），学共龟山同立雪；理窟从洛水，本归濂水引导源。”

但是为什么人们要把“闽学鼻祖”和“程氏正宗”归功于杨时呢？

一是因为游酢去世得早，影响较小。游、杨二人是同年（均为1053年出生），同预乡荐（1072年），又是亲家（游酢的女儿是杨时三子杨遹的妻子），但游酢比杨时早十二年去世，讲学较少，且门人凋零，在传播“洛学”方面影响较小。

二是游酢的知名弟子不多，著作较少且流传不广。杨时首创东林书院，“前后共留十有八载”。（《东林书院志》卷二十一）还在各地讲学，“四方之士，不远千里从之游”，弟子遍及东南，如罗从彦、邹德久、王蘋、吕本中、陈渊、李郁、胡宏（传张栻，创立湖湘学派）、胡寅、张九成等。他们散居东南各地，使东南儒学的水准很快就赶上了北方。加上北宋沦亡之后，“虽以嵩洛间人，亦不复知有程学”。尤其是朱熹集理学之大成后，东南区域遂成为中国儒学的中心，杨时的著作在门人弟子的广泛搜集下也及时得到出版和流传，在南宋时就有20卷本、28卷本和35卷本行世，明清后刻本就更多了，这是游酢所无法企及的。

三是游酢后来出入禅佛，被许多学者误认为不是醇儒。《宋元学案·廌山学案》全祖望按语云:“其遗书独不传，其弟子亦不振。五峰(胡宏）有曰：‘定夫为程门罪人，何其晚谬（指学禅），一至斯矣。’”而杨时入程门后，信至笃，学至诚，业至精。尤其是在程颐“以罪流窜涪陵，其垂言之训，为世大禁，学者胶口无敢复道”（《龟山集》），士大夫之间盛行佛学的情况下，杨时仍尊“洛学”不变，因而受到程颐赞赏：“学者皆流于夷狄（指佛学），惟谢（良佐）、杨（时）二君长进。”（朱熹《伊洛渊源录》卷十）

正因如此，《宋史·杨时传》说：“暨渡江，东南学者推时为程氏正宗”，“而朱熹、张栻之学得程氏之正，其源委脉络皆出于时”。朱熹也在《祭李延平先生文》中肯定说：“道丧千载，两程勃兴，有的其绪，龟山是承。龟山之南，道则与俱。”

明代文渊阁大学士邱浚在《道南书院记》中对“吾道南矣”有一段精辟的论述：“惟龟山先生之行，（程子）特发为‘吾道南矣’之叹。所谓南者，非道始之南，乃道终归于南也。嗟乎！先生之归，岂但儒道随之而南哉！曾几何时，而世道亦从而南，中原遂沦于夷狄，虽以嵩洛间人，亦不复知有程学。幸而奎文道脉中兴于南，朱子者出，斯道乃大鸣于欧闽之间，使天下后世，知有圣贤全体大用之学，帝王大中至正之道，万世行之而无弊者，其功大矣。后人推原所自，咸归功于龟山先生。”据《宋元学案》记载，宋元两代福建理学家共156人，“东接其传于邹鲁，而南及濒海之闽，而后中原文献，十九在闽。”（耿定力《重建朱文公祠记》)从这个意义上说，杨时不愧为“程氏正宗”“闽学鼻祖”。

（二）整理师说，倾力著述，继承和发展了传统儒学

传统儒学到北宋已显得衰弱僵化，正如明何乔新所说："孔孟既殁，吾道之不传久矣，士之为学，其卑者溺于训诂，而不知性命道德之微；其高者淫于佛老，而惑其元虚空寂之说，岂复知有所谓道学哉。"（何乔新《道南祠记》）明代倪俊在《重建风雩桥记》中也曾慨叹："自孟子没，圣人之道不传。世俗之儒，泥于章习，淫于佛老，逞私智以就功名，决性命以饕富贵，其于修正治人之道则懵然矣！"

正是在这种情况下，杨时敢于担当，尽其一生致力于明道、传道、卫道，以图恢复孔孟之道的本来面貌，并根据时代要求做出新的解释，使之成为适应当时社会发展需要的伦理思想。

首先，他致力于编辑二程语录。二程讲授孔孟绝学于河洛时，没有著作传世。仅靠门人将其所讲授的东西以语录的形式记载下来。杨时在给游酢的信中曾说："旧本西人传之已多，惟东南未有此书，欲以传东南学者，不叙其所以，恐异时见其文有异同不足传信也。"（《龟山集》卷十九）他还说："先生语录传流寖广，其间记录颇有失真者，某欲收聚删去重复与其可疑者……稍加润色，共成一书，以传后学，不为无补。先生之门，所存惟吾二人耳，不得不任其责也。"可见，他致力于编撰二程语录的目的，乃在于试图通过这一书籍，把"倡明道学于孔孟既没千载不传之后"的纯正二程理学传给后学。因而，他不仅对二程语录做了认真的校订，而且述而有作，"变语录而文之"，即用较文雅的语言将二程语录改写成《河南程氏粹言》（以下简称《粹言》）。后来，《粹言》又因战火而散失，只好重新再来。杨时 81 岁时，游酢已去世。杨时在《答胡康候》其二中仍称："伊川语录在念，未尝忘也，但以兵火散失，收拾未聚。旧日惟仲素编集备甚，今仲素已死于道途，行李亦遭贼火，已托人于其家寻访，或得五六，亦便下手矣。"

杨时82岁时，胡安国从衡阳寄了两册给他。他立即动手，终于在逝世前整理出了《粹言》。后来，《粹言》作为附录和朱熹编辑的《遗书》一起，被收在《二程集》中累传至今，对儒学的传播和发展发挥了重要的作用。

其次，程颐还写过《伊川易传》，未及完书而得病，临终授门人张铎，张铎不久亦死，书稿散亡。后二程弟子谢良佐得一残稿，错乱重复，几不可读。62岁的杨时用了一年多的时间，将其校正整理为《周易程氏传》。这本书在洛学中有着特殊的地位。明末清初的思想家、著名学者顾炎武曾在《与友人论〈易〉书》中称赞说："昔之说《易》，无虑数千家，如仆之孤陋，而所见写录唐宋人之书亦有数十家，有明人之书不与焉，然未见有过于《程传》者。"后来朱熹在这本书的基础上写了《周易本义》，进一步发挥了程颐的观点。

杨时还注意把从二程那里传承下来的思想融会贯通，通过自己著述的方式传给后学。据《将乐县志》记载，其著述有《学庸语孟解》《易诗书礼解》《周礼解》《经筵讲义》《易春秋》《孟子义》《校正伊川易》《三经义辨》《辨字说》《目录论》《列子解》《庄子解》《论〈春秋〉义》等。而其中《三经义辨》《目录论》《辨字说》《论〈春秋〉义》等均为其81岁时所作。他82岁时，还回书给胡文定答复《伊川语录》的意见，83岁时还写了《浦城县重修文宣王殿记》和《与忠定公李纲论性善之旨》等文章，可见杨时终其一生致力于学问的精神。

杨时的大量著述，在宣传和普及孔孟思想、阐发孔孟之道的真谛方面，起到重要的作用；并对朱熹集诸儒之大成创立闽学，产生了重要的影响。

杨时师承二程，高度重视"四书"，并率先提出"四书"是儒家最重要的经典，地位甚至高于"五经"，从而使原始儒家重"五经"向宋明理学重"四书"转变。为此，他著述不倦，开展了重新诠释和再造儒学经典的工作。主要著作有《中庸解》一卷、《论语解》十卷、《易解》若干卷、《礼记解》若干卷、《周礼解》若干卷、《书解》若干卷、《奏议》若干卷。（吕本中《杨龟山先生行状》）

朱熹理学研究中影响最大的是《四书集注》。自元中期后，此书成为科举考试的标准试卷，风靡近七百年，且远播东南亚，对儒学的发展产生过巨大的影响。在这本书中，朱熹大量引用前人的论述，如“杨氏（杨时）曰”“尹氏（尹焞，宋代学者）曰”“赵氏（赵岐，东汉学者）曰”等。据统计，这本书中共引用了32位学者731条语录，其中引用杨时74条，位居第三。而且朱熹在《孟子序说》中还特别引述了杨时关于正心诚意的论述，作为注解《孟子》的提纲挈领性的说明。同时，还引述了杨时以道统论注解“四书”的一段言论作为《孟子集注》的结尾。这些都表明了朱熹在构筑自己理学的理论体系时，是把杨时的论述当成相当重要的依据的。

北宋绍圣三年（1096），44岁的杨时通过程颐的教诲，明白了《西铭》的宗旨，又通过不断的钻研，从本体论的角度，对“理一分殊”做了进一步的发挥，并把它运用到社会生活中去，不但阐述了“仁”与“义”是“理一分殊”的关系，而且提出了“分殊”不明则“理一”不精的重要思想，强调了“分殊”的“用”及“差等”，从而论证了人伦以及亲疏尊卑的封建等级秩序的“合理性”。这种从体用关系出发对“理一分殊”说所做的创造性发挥，是儒家思想从洛学到闽学过渡中的一个关键，为尔后的理学发展提供了新思路。后来，罗从彦把“理一分殊”的思想传授给李侗，李侗又把它传授给朱熹。在杨时的启发下，朱熹进一步提出“理一用异”说，并对杨时“理一分殊”的阐述有很高的评价。乾道八年（1173），朱熹在《西铭论》中称杨时“年高德盛而所见始益精与”。

“关学”的代表张载曾提出“天地间一切皆一气之变，充塞宇宙的只是一气，形聚为物，形溃反原”。（张载《正学·太和篇》）二程对张载的《西铭》推崇备至，但对张载有关“气”的论说却不以为然，认为张载所说的万物之源的“气”，只不过是物质性的，是形而下的“器”，而不是形而上的“理”。他们批评张载的“形聚为物，形溃反原”之说，认为“气”有生有灭，只是由“理”产生出来的一种暂时性的东西。杨时虽不赞成张载的主张，但却注重张载的“气”论，把“气”看成是永恒的不断变化的东西，较多地吸收了张载的“气”的观点，来补充程颐的“气一元论”和程颐的“理本说”，建立起“理一气殊”的宇宙观，这是他思想体系中唯物主义辩证法思想的光辉，也为后来朱熹对理气论进行更加严密的论证奠定了理论基础。

朱熹进一步发挥了张载、二程、杨时的理本性论，第一个系统地探讨和解决理气关系问题并建立了理气论，对二程“万物皆是一个天理”和杨时的“理一气殊”“唯天理之循”的论述加以继承和发展，并贯通了宇宙自然和社会伦理之间的关系，使其更具思辨性和理论深度。

“格物致知”是中国古代儒家思想中的一个重要概念，是儒家专门研究事物道理的一个理论。二程对“格物致知”非常注重，但是两人讲的意义有所不同。程颢讲格物致知，侧重以心内求，主张通过内省体验便可“致知”，不太重视向外求知；而程颐则认为“理在事物也在人心”，主张先求知事物之理，从而更进一步贯通自己内心之理，要求通过多种途径遍格众物，达到“极尽物理”。

杨时继承了二程的思想，并把他们中一些矛盾的方面加以调和，把外求的格物功夫与内省的明心涵养相结合，提出了自己的“格物致知”说。杨时尤其注重“格物”，他认为：“致知必先格物，物格而后知至，知至斯知止矣，此其序也。”他还说：“为是道者，必先乎明善，然后知所以为善也。明善在致知，致知在格物。”（《龟山集》卷二十一）这明显是遵循了程颐“遍格众物”而达到“穷理”的思想。

这种思想和人类认识从具体到抽象的过程是相吻合的。此外，杨时又接受了程颢“万物一体”的思想，提出了“反身而诚，则举天下之物在我矣”的方法。（《龟山集》卷二十六）他说：“明善在致知，致知在格物。号物之多至于万，则物将有不可胜穷者。反身而诚，则举天下之物在我矣。”

对于杨时讲格物在于“反身而诚”，朱熹给予了充分肯定。他说：“龟山说‘反身而诚’，却大段好。须是反身，乃见得道理分明。如孝如弟，须见得孝弟，我元有在这里。若能反身，争多少事。”（《朱子语类》卷十八）同时，朱熹对杨时“反身而诚，则举天下之物在我矣”所产生的歧义，也进行了客观分析，认为这“太快”，并且明确指出：“若果如此，则圣贤都易做了。”他还说：“杨氏反身之说为未安耳，盖反身而诚者，物格知至，而反之于身，则所明之善无不实有。如前所谓‘如恶恶臭，如好好色’者，而其所行自无内外，隐显之殊耳。若知有未至，则反之而不诚者多矣。安得直谓但能反求诸身则不待求之于外，而万物之理皆备于我而无不诚哉？况格物之功，正在即事即物而各求其理，今乃反欲离去事物而专务求之于身，尤非《大学》之本意矣。”

杨时的“反身而诚”是作为“格物”过程中为了格尽天下万物而提出来的，并没有进一步讨论“格物”与“反身而诚”的先后次序关系，确实有不严密的地方，因而让朱熹感到“未安”。但无论如何，朱熹是通过吸取杨时格物致知的思想，并对其中所包含的歧义予以辨析，进一步确立格物的首要性，才提出了自己更为完整和精致的格物致知说的。

在修养方法上，程颢重视仁者与万事万物同体的内向体验，认为人心自有“明觉”，“自家元是天然完全自足之物”，具有良知良能，故自己可以凭直觉体会真理，主张“仁者以天地万物为一体”“仁者浑然与万物同体”的“体悟省察”论；而程颐则强调道德修养要发自内心，充满敬意，要与进学掌握知识结合起来。他说：“涵养须用敬，进学则在致知”“六经之言在涵畜中默识心通”。（《二程粹言》）主张“涵养用敬”说，强调在人的情感未发之时就要涵养，涵养工夫深厚，到已发之际，人喜怒哀乐的情感之发动就会符合道德准则。

杨时一方面接受了程颐的涵养用敬说，另一方面又接受了程颢的人心自有“明觉”的思想。杨时的修养方法重在静坐，主张“于静中观喜怒哀乐未发之中是何气象”以认识理，即“静坐体认”说，并把《中庸》未发的伦理哲学转向具体的修养实践的“体验未发”，把认识方法和道德修养相结合，创造了一种既是“讲学之方”，又是“养心之要”的“默坐澄心”“于静中体认大本”的独特修养方法，并一直为其门人和后学所信守，被朱熹称为“龟山门下相传指诀”。

据《宋元学案·豫章学案》载：罗从彦初从龟山时，龟山以“饥渴害心令其思索，先生从此悟入，故于世嗜好泊如也”。杨时曾教导罗从彦说：“某尝有数句教学者读书之法云：以身体之，以心验之，从容默会于幽闲静一之中，超然自得于书言意象之表。”要求体验未发之“中”，并强调“于喜怒哀乐未发之际，以心体之，则中之义自见”。（《龟山集》）

罗从彦深得龟山指诀，并明确主张“体验于未发之前”。强调心性修养要从喜怒哀乐未发、思虑未萌的本然状态开始下功夫，体认大本未发时气象分明，处事就会自然合理、中节，并以此教李侗。据明黄仲昭《八闽通志·人物》载：“侗年二十四，闻罗从彦得河洛之学，以书谒之而请学焉。从之累年，授《中庸》《语》《孟》之说。从彦好静坐，侗亦静坐。从彦令静中看喜怒哀乐未发前气象而求所谓中者，久之，而于天下之理该摄洞贯以次融释，各有条序，从彦极称许焉。”

李侗深得罗从彦未发之旨，主张未发处存养，并把此作为向朱熹传授的一个重要内容。朱熹曾说过："李先生教人，大抵令于静中体认大本未发时气象分明，即处事应物自然中节，此乃龟山门下相传指诀。"（《朱文公文集》卷四十）又说："中和二字，该道体用，以人言之，则未发已发之谓，旧闻李先生论此最详。"（《李延平集》卷三）他还说："余蚤从延平李先生者，受《中庸》之书，求喜怒哀乐未发之旨，未达而先生没。"（《朱文公集》卷七十五）可以看出，朱熹早期是受了李侗"未发"教学的影响，并以为入道指诀，后来见道分明，始以为不然，从而走上"格物穷理"的"已发"之路。但他对《中庸》所说的未发之旨是深信不疑的，也对自己并没有"尽心于此"而发出"未达"之叹。他一方面指出杨时"所谓'未发之际能体所谓中，已发之际能得所谓和'此语为近之，然未免有病。"另一方面又说："然亦不可将其搁置一边，不加理会，并说：'李先生意，只是要得学者静中有个主宰存养处。'"《朱文公集》卷四十三认为理学的修养就是要已发未发兼顾交修，肯定杨时、罗从彦、李侗的已发未发说具有合理的因素。事实上，如果没有杨时、罗从彦、李侗对已发未发的阐述，就不可能有朱熹对这一问题的苦心孤诣的求索，更不可能有所谓的丙戌、乙丑两次的中和之悟。杨时的已发未发说，虽然最终未能为朱熹考亭学派所完全接受，但其对闽学的影响和启迪却是十分深刻的，它为闽学中和说的形成提供了重要的思想资料来源。而后来的陆九渊、吴澄、陈白沙等仍深受杨时这一观点的影响，尤其是陈白沙"静中养出端倪"的工夫，更是杨时"于静中体认大本"的翻版。

（三）兴教立学，教书育人，培养出了众多著名的学者

作为学连洛闽的鼻祖，杨时首先是通过兴教立学开始倡道东南的

活动的。《宋史·杨时传》中指出："时浮沉州县四十有七年。"也就是说，在他八十三年的人生历程中，用了将近五十年的时间孜孜不倦地从事理学的研究与传播，而且身受真传，造诣尤深，功绩卓著，泽被后人。他首创东林书院，聚徒讲学，"弟子千余人"，被称为"南渡洛学大宗"。（《宋元学案·龟山学案》全祖望语）明顾宪成在《请复东林书院公启》中说："有宋龟山杨先生受业二程夫子，载道而南，一时学者翕然从之，尊为正宗，考锡乘，先生常讲学是邑十有八年，建有东林书院。"明欧阳东凤所辑《晋陵先贤传》云："先生（杨时）以程门高弟倡道东南，所最相友善者，有邹道乡、周伯忱兄弟。故居毗陵最久，成就独多。一传而得邹德久、俞子才，再传而得尤延之（袤），三传而得李元德、蒋良贵，迄今绍延学脉，代不乏人。先生之功大矣。"

邹德久，邹浩之子，工书法，笔法追从黄庭坚。曾从杨时游。靖康初，自布衣荐除枢密院编修，官终给事中，出守天台。编有《伊川语录》。

俞子才，即俞樗，祥符人，少慕伊川之学，从杨时游，登进士第，授秘书省正字，以不主和议出知舒州怀宁县，再通判衡州致仕。秦桧死，起复为大宗正丞，转工部员外郎，知荆州，用为提举浙东常平，以治绩著称。有《中庸大学论语解》等传世。

尤延之，即尤袤，无锡人。绍兴进士，累迁太常少卿，光宗即位，言者以为周必大党，遂与祠。绍熙初起知婺州，改太平州。召除给事中。以国事多殊，积忧成疾卒，谥文简。其诗与杨万里、范成大、陆游齐名，被称为"南宋四大家"。

李元德，无锡人。隆兴进士，授钱塘主簿，调濠州录事参军，迁国子司业、祭酒，除直龙图阁，被宋孝宗誉为"吾诤臣也"。

蒋良贵，名重珍，无锡人。嘉定进士第一，历官秘书省正字、校书郎、秘书郎、崇政殿说书、著作郎兼国史院编修、实录院检讨、知安吉州、代理刑部侍郎，以直谏称。卒谥忠文。

俞、尤、李、蒋，都是“道南”嫡传入门弟子，在朝有直声，在地方有惠政，对社会学人奖掖尤多，是宋代无锡地方名儒，故去世后均入祀道南祠，作为配祀杨时的主要代表。

此外，杨时还先后在浙江、湖南、福建等地讲学，“四方之士，不远千里从之游”，著名的有罗从彦（传李侗、朱松、朱熹）、王蘋、吕本中（传林之奇）、关治、张九成、萧顗（传朱松、廖刚）、胡寅、胡宏（传朱熹、张栻）、刘勉之（朱熹养父）、陈渊、李郁、黄锾、章才邵、邹柔等，成为南宋初期最有影响的学派，被东南学者尊为“道南第一人”。王云五《杨龟山集》原序称：“自先生（龟山）官萧山，道日盛，学日彰，时从游千余人。讲论不辍，四方之士，尊重先生也至矣。而波及四方者，能无沂源于闽哉！”尤其是他“一传而得豫章，再传而得延平，三传而得紫阳朱夫子，集诸儒之大成，绍孔孟之绝绪，其道益光”（明何乔新《道南祠记》）。福建遂成为“海滨邹鲁”。

杨时还利用官学的渠道以学传世。他任荆州学教授时，曾多次答胡文定问学书，“文定亲承指授，以之而传春秋”，在主持浏阳、余杭、萧山三县之政事时，也“不忘秉教，一州人才彬彬辈出”。（《杨龟山先生通纪》卷一）即使在晚年任国子监祭酒时，也极力提倡道学，与韩愈、孔颖达并列为中国国子监著名“三大祭酒”。正如王云五《杨龟山集》原序所说：“宋名儒辈出，几以百计，鼓吹正学，羽翼圣经，上传洙泗，下接濂洛，海滨之士，称邹鲁焉，然破荒开辟，实自龟山先生始。”另据《嘉靖延平府志》“风俗篇”记载：“延平府民俭啬质直，建学独先于天下，五步一塾，十步一庠，称为邹鲁之邦。诸儒讲明道义遗风余教犹未泯。”这一优良风气的形成，固然是杨时及其门人后学共同努力的结果，但是作为倡道东南、学连洛闽的开山鼻祖，其兴教立学的积极贡献是不可磨灭的。

杨时在聚徒讲学的过程中，还十分注意教书育人。他提倡德育与智育相结合，读书与做人相结合，学与用相结合，强调“学者，学圣贤之所为也。欲为圣贤之所为，须问圣贤所得之道”。（明田项《府城隍庙大殿左重建豫章书院碑记》）他还提倡“正心、诚意、修身、齐家、治国平天下”，认为“心正而后身修，身修而后家齐，家齐而后国治，国治而后天下平”，（《龟山集》卷六）把个人修养与实现理想社会联系起来，以增强民族的凝聚力和向心力；他主张学以致用，践履崇实。他曾教育其女婿李郁说：“学者当知古人之学何所用，学之将何用。”（《宋元学案·龟山学案》）他还教导罗从彦既要重视“为学之方”，更要懂得“学成要何用”，力戒“只要博通古今文章，作忠信愿悫不为非正义之士而已”；他反对学校单纯按文章分数高低评定人才优劣，认为“学校以分数多少校士人文章，使之胸中日夕只在利害上，为此作人要何用”；他注意强调学习的主观能动性和认识的重要性。认为“盖天地万物一性耳，无圣贤智愚之异”。强调“古之欲明德者于天下必先致知”“欲致知非学不能”。在《劝学》篇中，他一再强调：“志学之士，学知天下无不可为之理，无不可见之道。思之宜涤，无使心支而易昏；守之宜笃，无使力浅而易夺。要当以身体之，以心验之，则天地之心，日陈露于目前，而古人大体已在我矣。”（以上皆出自《龟山集》）为此，他极力勉励学生要珍惜时光，自强不息：“此日不在得，颓波注扶桑，跹跹黄小群，毛发忽已苍。愿言媚学子，共惜此日光。术业贵及时，勉之在青阳。……念子方妙龄，壮图宜自强。”（杨时《勉学歌》）从这些方面来看，杨时又不愧为一位杰出的教育家。

（四）爱国恤民，忠孝勤廉，身体力行，为后人树立了光辉的榜样

杨时所处的时代，正是“中原板荡”“三纲不振”“义利不分”“人

心邪僻”，内忧外患交相煎迫的危急存亡关头。为了拯救社会和思想危机，杨时不仅寓政治、伦理等于学术之中，极力用儒家传统的伦理思想和道德观念重新统一人们的思想，而且明德修身，践履崇实，身体力行，为后人树立了爱国恤民、忠孝勤廉的榜样。

他关心国运民瘼，“所到之处皆有惠政，民思之不忘”。（此段未出注者皆出于《龟山集》）在蔡京、童贯集团当政期间，朝廷昏庸，吏治腐败，暴政虐民，杨时勇敢地进行了揭露和批判。他在《余杭所闻》中尖锐指出：“何尝见百姓不畏官人，但见官人多虐百姓耳。”“今天下上自朝廷大臣，下至州县官吏，莫不以欺诞为能事，而未有以救之！”“今天下非徒不从上令，而有司亦不自守成法。……其如法何？”他同情劳动人民，在分析农民群起为“盗”的原因时说：“人不堪命，皆昔所未见而今见之也。故细民荷戈持戟，群起而为盗，动以万计，皆平时负耒力耕之农……非有他也，特为艰食所迫，姑免死而已。”同时，他尖锐地批评了军政之不修：“王师所过，民被其毒，有甚于盗贼。百姓至相谓曰：‘宁被盗贼，不愿王师入境。’”他还强烈地抨击苛政猛于虎：“自政和以来，官吏以‘应奉’为名，取民无有限极。”当蔡京、王黼等为迎合皇帝赵佶荒淫奢侈的生活需要而强令东南各地搜罗进贡奇花异石、珍宝古玩时，他敢于上表批评朝廷：“免夫之役，毒被海内、西城聚敛，东南花石，其害尤甚。前此盖尝罢之，诏墨未干，而花石供奉之舟已衔尾矣。今虽复申前令而祸根不除，人谁信之？”（《宋史·杨时传》）他主张“爱人节用”，提出“节以制度，不伤财，不害民”。他还主张毁弃茶盐二法，或宽禁之，以保证贸易自由，减轻民众负担。他说：“今日茶租钱……若未能尽驰，其禁犹当可宽也。”认为爱民就必须使民有常产，安居乐业，提出“民无常产则无常心，……使天下务有常产”。他还曾建言皇上让他编一本《宣和会计录》，分析一下国家财政收支情况，以做到量入为出，防止滥用浪费。宋哲宗绍圣四年（1098），杨时任浏阳知县期间，先是出现严重旱灾，庄稼颗粒无收。后又连降暴雨，大片农田被淹，而朝廷仍照征赋税，百姓苦不堪言。杨时不计个人得失，先后写了《上程漕书》《与州牧书》《上提举议差役顾钱书》，向朝廷反映实情，为民请求赈济。自己则带头把平日节省下来的俸禄捐给灾民。同时按令开放官仓，把三千多石谷子发放给灾民，使灾民度过了饥荒。因为这件事，杨时被漕使胡师文妄加“不催积欠”的罪名而丢了官职，但他毫不懊悔。

在余杭任县令时，权倾朝野的“六贼”之首蔡京夺占良田为其母建风水宝地，强行浚湖蓄水。杨时闻之，查明真相后上奏朝廷，终止了蔡京的害民之举。一个“七品芝麻官”，敢于同当朝太师叫板，充分体现了他爱民如子的精神和正直无畏的胆略。

政和二年（1112），杨时任萧山县令，以民岁苦旱，率百姓修筑湘湖以灌九乡。成湖37000多亩，湖堤长80余里，可灌溉农田146800余亩，“湖中多产鱼鲜，又有莼菜，可以疗饥”“至今民赖其利”，祀宦祠。（《萧山县志·人物传》）

建炎二年（1128），杨时七十六岁，上书告老。高宗准告，赐对衣、金带、紫金鱼带，又赐官绢200匹、白银300两，以养天年。杨时考虑到福建交通不便，土瘠田薄，民生艰困，乃推辞曰，但“乞恩惠于八闽，山无米，地无租”。高宗准其“永为优免”。（陈延统《杨文靖公文集序》）

他主战爱国，敢于抗侫排和。杨时晚年立朝，正值北宋危亡之秋，他一再向朝廷上疏建议“修政事，明军法，攘夷狄，排和议”。徽宗宣和七年（1125）十二月，闻金人南侵，杨时连上《论金人入寇》二疏，提出“严为守备”和“收人心为先”两项积极建议。钦宗靖康元年（1126）正月，金人包围汴京，杨时上疏力主抗金，提出立统帅、肃军政、责宰臣不忠、罢庵寺防城、谨号令等七项建议，又置个人身家性命于度外，直斥三路统帅童贯弃军而归，致使金骑得以长驱而前的误国之罪，表现了非凡的见识与勇气。二月，负责首都防务的主战派人物李纲被罢，激起开封军民的极大愤慨，太学生陈东率领诸生到宣德门前上书请愿，“朝廷忧其致乱”，欲行武力镇压时，杨时又毅然挺身而出，为请愿群众辩护，在钦宗面前直陈“士民出于忠愤，非有作乱之心，无足深罪”，（《宋元学案·龟山学案》）从而避免了一场流血事件。当时各路勤王兵马赶到，但钦宗一意求和，依金人条件，欲割让太原、中山、河间三镇二十州之地。杨时“极言不可”，怒斥此议是“欲助寇而自攻也”，提出宜召种师道、刘光世问以方略的积极主张。之后，他又上书乞诛拥重兵坐视太原危急而不救的姚古，但均未被采纳。对此，胡安国曾经指出：“当时若能听用，须救得一半。”（《宋元学案·龟山学案》）

他安贫乐道，清正廉明。在《书含云寺示学者》一诗中，他谆谆告诫后学：“富贵如浮云，苟得非所臧。贫贱岂吾羞，逐物乃自戕。胼胝奏艰食，一瓢甘糟糠。”他虽然当过秘书郎直至工部侍郎、龙图阁直学士等朝官，爵位不算低，但始终保持勤俭节约的美德。胡安国在《龟山先生墓志铭》中说：“视公（杨时）一饭，虽蔬食脆甘若皆可于口，未尝有所择也；平生居处，虽敞庐优屋皆若可以托宿，未尝有所嗜也；每加一衣，虽狐貉缊袍，皆若适于体，未尝有所羡而求安也。”他秉承先祖杨震“清白传家”的家风，正色立朝，清正廉明，并以此告诫子孙。他自己官至工部侍郎、龙图阁直学士（正三品），五个儿子、六个孙子都是进士出身，都从政，全家收入算是很高的，可是他们一身正气，两袖清风，没有添置一份产业，以至于杨时告老还乡后，“子孙满前，每食不饱，亦不改其乐”。杨时逝世时，“身后萧然，家徒壁立”。

他明德修身，崇孝尽孝。杨时非常重视孝行的品质修养，强调“孝之德，其可谓至德也”。（《孝思堂记》）他“性至孝，幼丧母，哀毁如成人，事继母尤谨”。（吕本中《杨龟山先生行状》）二十四岁中进士，“以疾不赴任”。在家期间，除了著书讲学之外，便是精心孝敬父亲、继母与祖母，设计了许多适合老人胃口，既养生又富有文化内涵的菜肴。他在《书怀》一诗中写道：“敝裘千里北风寒，还忆箪瓢陋巷安。位重金多非所慕，直缘三釜慰亲欢。”抒发了自己不企慕“位重金多”，只希望能够平安地生活在县北龟山的“箪瓢陋巷”，朝夕孝敬侍奉亲人，以取得他们的欢心。

此外，他还在《端午日》《与游定夫》《感怀寄乡友》《久不得家书》等诗文中表达了孝亲怀乡的思想感情。父亲和继母去世后，他都先后辞官回家，各守孝三年。

告老还乡后，他亲自修订了《弘农杨氏家谱》，定下了十条家训：“一训父慈；二训子孝；三训臣忠；四训夫义；五训妇从；六训友恭；七训敬长；八训择友；九训睦族；十训和邻。”这些家训，涵盖了杨时关于忠孝立身、为人处世、治家从政等方面的内容和理念，对其后裔个人的修身、齐家发挥了重要的作用。

杨时的这些优秀品质，对后人影响极深。如杨时的学生胡寅，“金人陷京师，议立异姓，寅与张浚、赵升逃太学中，不书议状。张邦昌伪立，寅弃官归。”（《宋史·儒林传》）朱熹的三传弟子、民族英雄文天祥，德祐间奉使元军被拘，后浮海至温州，拥立益王抗元，入闽开府南剑州，募兵复邵武，泉州陈龙复、福州林琦等均起兵响应。德祐二年秋（1276），丞相文天祥如闽，道出龟山墓下，感公倡道模范天下，取酒以祭之，并写下了《祭龟山先生》文。又谒龟山先生祠为杨时画像题赞曰：“维我先生，天立作傅；七岁能诗，八岁能赋；五星聚奎，鼻祖为祖。毁弃三经，和议排阻。邹鲁鸿传，道南有补。”后文天祥兵败被执，慷慨就义，陈、林等均赴难。将乐溪南人萧明哲追随文天祥抗元，被授督府架阁监军，举兵出江西，收复万安、龙泉等地，亲身进入野坡地联络各山寨义军抗元，后兵败被俘，临刑骂不绝口，闻者壮之。文天祥集杜甫诗句哀悼之："诸生旧短褐，张目视寇仇。高谊依然在，白骨更何忧。"杨时的门人后学，也多能清廉爱民。如赵善佐为将乐县令时，"廉勤自约，奉法爱民，不妄费公家一钱"。（《嘉靖延平府志》卷十）杨时热心教育、尊师好学的精神，也一直激励着后人。如罗从彦四十一岁时，"闻同郡龟山杨先生继绝学于河洛，筮仕萧山"，即"慨然鬻田，徒步请谒"，（李侗《豫章罗先生墓志铭》）"师事龟山公二十余年，尽得不传之秘，居乡授徒，循道寂寞"。（明柯潜《罗豫章先生文集序》）清朱任弘曾说："居恒溯八闽理学源流，久心企龟山先生倡始之功。开草昧，启曈朧，自是醇儒辈出，朱子爰集其成。今天下咸尊朱学矣，亦知朱传自李，李传自罗，罗传自杨，杨则洛之正宗也。杨于程所谓见而知之，朱则闻而知之，已授受有本，俾一线圣脉，如日经天。朱之学行，杨之学当并行而不悖。"（《杨文靖公文集》序）故明代程敏政在《杨龟山先生通纪》中说："无龟山则无朱子。"

三、杨时文化的时代价值

习近平总书记在纪念孔子诞辰 2565 周年国际学术研讨会上讲话时，积极评价了中华优秀传统文化的丰富哲学思想、人文精神、教化思想、道德理念及其对中华文明乃至世界文明的深刻影响。他肯定了儒学思想对形成和维护中国团结统一的政治局面、对形成和丰富中华民族精神，都发挥了十分重要的作用，并强调要从传统文化中汲取治国理念，为推进国家治理现代化提供有益借鉴。上海复旦大学原副校长、哲学系教授蔡尚思在《杨时在中国文化史上的地位——杨时是理学南传与闽学的祖师》一文中也认为："无论在中国文化史上、学术史上、思想史上、哲学史上、伦理史上都居于主要位置的是宋代理学，宋代理学中最重要的是濂洛关闽四大派，濂洛关闽四大派中最重要的是闽学一派，闽学一派中最重要的是朱熹。朱熹之学来自二程与杨时。杨时是中国理学由北传南的关键人物，所以被称为闽学创始人。闽学的祖师是杨时而不是朱熹。朱熹是闽学，也是理学的集大成者，但是，如果没有杨时把理学传入闽北，也不可能造就朱熹。"为此他赋诗赞曰："鲁南有孔孟，闽北出杨朱。古代人文上，均成为楷模。"杨时是将乐本地的一位先贤，在他身上体现了封建社会读书人"为天地立心，为生民立命，为往圣继绝学，为万世开太平"的人生追求和精神境界。杨时文化蕴含着丰富的为学之法、为人之要、为官之德和处世之道，是中华优秀传统文化的重要组成部分，在当今社会依然具有时代价值。

（一）杨时文化为将乐打造了一张靓丽的名片

杨时集"道学、经济（古代指经邦济世或经世济民）、文章（指诗文）、气节（指道德）四者合而为一"。（清张伯行《杨龟山先生文集》序）杨学被认为是"孔颜道脉、程子箴规""真大儒之学""真有用之学"，成为宋代理学的一个重要组成部分。他的理学思想不仅在国内广为传播，而且东传韩国、日本，在东亚文化史上享有崇高的地位。宋宣和五年（1121）十月，宋使臣给事中路允迪、中书舍人傅墨卿出使高丽，国主便问："龟山先生今在何处？"次年，高丽国王派三位特使到汴京朝拜大宋皇帝，既为国事又为求道。在觐见皇帝后，就立即拜会杨时，向他请教儒学。

理学传入韩国后，出现了以李退溪为代表的韩国朱子学，并成为韩国的主流思想。在李退溪学习和研究中国朱子学的过程中，每每提及杨时。如他读了南宋真德秀编的《心经》和明人胡广编的《性理大全》中杨时的论述，“始知性理体段自别”和“心法之精微”；（《增补退溪全书》，此段以下未注者皆出此）他按照杨时关于读《论语》《大学》等儒家经典的教导进行学习，并体现在自己的行为上。如他在答李宏仲同学的回信中说：“昔有人请杨龟山讲当读何书，龟山曰：‘读《论语》。’其中问《论语》中何者为要切，龟山曰：‘皆要切，但熟读可也。’朱子每称叹此语，以劝学者。”在这封信中，他还谈了自己按杨龟山的启迪学习《论语》的体会：“于言仁处求仁之理，言义处求义之理，言孝悌忠信处求孝悌忠信之道，逐处研究，逐事践履，积久渐熟，以至于融通，发现所谓大要大旨者将不待作意求索而自得之矣。”在《重答黄仲举》论及关于读《大学》问题中，李退溪认为“龟山以此，特论其所存而已，未及乎为政也”，并说《大学》一书，“存心出治之本”“修己治人，体用该载，则固然矣”。李退溪还依据杨时对《西铭》的解释向朝廷进献《圣学十图》。此外，对于杨时关于心性修养的方法，李退溪在《退溪丛书》中也有阐述：“要之，明道言静，即敬字之意。伊川恐学者未悟，故加别白焉。其后如龟山、如豫章、如延平一派，皆于静观喜怒哀乐未发气象，而上蔡谓‘多着静不妨’，此非明道之教乎？至和靖‘始终一个敬字做去’，岂非伊川之教乎？”正因为如此，李退溪的弟子申濩等在《祭退溪先生》文中称：“昔我先生，待士有诚。念兹作人，爰择老成。龟山雅望，允属先生。左训右箴，教告敦至。”他们认为，李退溪一生德高望重有如杨时，才得到先王的厚待和学生的尊敬。由此可见杨时在李退溪和韩国人心目中的崇高地位。

2011 年 8 月，韩国大邱市李甲奎教授带领十多名师生到将乐考察时说："我们是特地来寻韩国儒学文化的根的。"并留下"韩国晚生，吾欲立雪"的题词，可见杨时文化的世界影响力至今犹在。在日本东京博物馆，至今还保留着一幅日本著名画家狩野常信（1636—1713）所创作的杨时像。该画为彩色立式画像，画中的杨时端然拱立，怀抱典籍，目光深邃而略带忧郁，衣袖宽大而直线下垂，与下身的衣裳相衔。深色的头巾，与略为浅色的服饰形成层次不同的色彩效果，极具特色。

宋以降，福建以"理学名邦""海滨邹鲁"的盛誉驰名海内外，杨时有筚路蓝缕之功。将乐也因杨时，享有"龟山故里""闽学之源"的美誉。杨时文化为将乐打造了一张靓丽的名片。

如今杨时后裔约有二百多万，遍布世界各地。他们以"龟山后裔"自诩，遵循杨时祖训，爱国爱民，清白传家，积极为弘扬中华民族优秀传统文化做贡献。他们纷纷来将乐寻根谒祖，投资办厂，旅游观光。杨时文化已经成为团结杨氏宗亲的强大凝聚力。

（二）杨时尊师重教、砥砺名节的精神和学以致用的教育理念，对后世产生了深远的影响

据明弘治《将乐县志》风俗篇载："至宋龟山载道南归，而乡邑重道，读书进取，间有魁元，砥砺名节，后先相望。"也就是说，在杨时文化的影响下，将乐县形成了两个优良风气：一是读书重教；二是讲究名节。仅数万人口的将乐小县，在宋代就出了四位尚书、三位侍郎、四十七名进士，不仅人数多，而且口碑好，没有一个贪官。

杨时尊师重教，不仅留下了"程门立雪"的佳话，还在将乐衍生了一个传统节日——光斋节。据明万历《将乐县志》土风篇载："三月三日，乡塾盛馔延师，以议束礼，名曰光斋。"此节源于杨时与蔡

安礼同年考上进士之后，为谢师恩，于每年农历三月初三，在老师杨希旦所教书的“西斋”宴请老师，以光耀西斋并报答师恩，后来逐渐演化为“光斋节”，可谓古代将乐的教师节。

此外，杨时讲学传道，注重将个人理想和时代社会相结合，坚持经世致用，反对学校单纯按文章分数高低评定人才优劣，提出“学校以分数多少校士人文章，使之胸中日夕只在利害上，为此作人要何用”的见解，对于当今的教育事业仍然具有重要的借鉴意义。当今要推动教育事业的发展，也可以从杨时经世致用的教育理念中汲取精华，注重培养学生的社会责任，引导他们关心国家大事，积极投身于社会实践活动，为推进社会主义现代化建设贡献智慧。如今，“杨时文化进校园”活动，正在将乐广大中小学广泛、深入、持续地开展，为弘扬杨时文化发挥了承先启后的重要作用。

（三）杨时爱国爱民、敢于担当、勤政廉政的作风，为当今公职人员树立了道德标杆

杨时为官五十余载，始终严于修身，爱国爱民，敢于担当，勤政廉政，初心不改，所到之处皆有惠政，在百姓心中竖起了一座丰碑，也为所有公职人员树立了道德标杆。无论对于修身做人，为官用权，还是干事创业，都有重要意义。尤其是党员干部，要带头认真学习杨时忠诚干净担当的高尚品德，把对党忠诚、爱国爱民、个人干净、敢于担当，融入党性修养全过程，贯穿于工作各方面，内化于心，外化于行，做一名让党放心、让人民满意的好党员、好干部，为广大干部群众带好头。所有的公职人员，都应从杨时文化中汲取营养，知廉耻，明是非，辨善恶，增强道德修养，常念为人之本，常修为公之德，常思贪欲之害，常怀敬畏之心，常做好事实事，真正做一名信念坚定、

为民服务、勤政务实、敢于担当、清正廉洁的好干部。

（四）杨时的家训家规以及形成的优良家风，极大地丰富了当今家庭文化的内涵

杨时一生严于修身，恪守道德底线，更是重视立族训，制家规，用严谨的家风教育子孙。宋政和五年（1115），杨时主持修编了将乐杨氏第一部族谱——《弘农杨氏族谱》，制定了十条家训。其中的爱国守法、尊老爱幼、孝敬父母、夫妻互信、择友待友、睦族和邻等内容，对于当今的家庭教育仍然有着重要的借鉴作用。这些家训家规，严格规范了杨时家人及其后裔、族人立身处世、为官做人的准则，成为他们的强大凝聚力和向心力。在这种优良家风的熏陶下，杨时后裔英才辈出。各地的杨时后裔也谨遵祖训，恪守家规，并不断丰富家风文化的内涵，忠以报国，孝以养亲，读书进取，砥砺名节，传承祖德，因而瓜瓞连绵，英才辈出。中纪委、国家监察部、省纪委网站等也制作了《程门立雪·书香传家》和《千秋师表·百世所师》的专题片，推介杨时的孝行廉风和家训家规；《中国纪检监察报》也曾发文进行过专题报道。

“道之南矣开闽海，万古龟山重泰山。”尽管杨时逝世已经九百余年了，但是，他那尊师孝亲、勤奋学习、刻苦钻研、爱国恤民、勤政廉政、敢于担当的精神，却给我们留下了宝贵的精神财富和文化传承。杨时是将乐人民的骄傲，也是中华民族的骄傲！

杨时与朱熹渊源录

杨时（1053—1135），字中立，世居将乐县北龟山之下，因以自号。北宗熙宁九年（1076）进士。调汀州司户，不赴，往师程颢，颢死，复师于程颐。曾任徐州、虔州司法，荆州府教授，浏阳、余杭、萧山知县等。宋徽宗时，以荐召为秘书郎，迁著作郎，除迩英殿说书，除右谏议大夫兼侍讲，又兼国子监祭酒，寻改拾事中，除徽猷阁直学士。宋高宗时官至工部侍郎，除龙图阁直学士。致仕归，以著书讲学为事。卒谥文靖。著作有《龟山集》《二程粹言》等。

杨时是我国传统儒学向宋明理学发展演化过程中具有重要地位和影响的人物。他“学传东洛，道倡南闽，辟邪翼正，继往开来”，“有功于前圣，有功于后学”。（明程敏政《杨龟山先生通纪》）被推崇为“程氏正宗”（清康熙为将乐龟山书院题名），“八闽理学之始”（清蒋垣《八闽理学源流》）。《宋史》称：“时在东郡，所交皆天下士，先达陈瓘、邹浩皆以师礼事时。暨渡江，东南学者推时为程氏正宗。与胡安国往来讲论尤多。”“凡绍兴初崇尚元祐学术，而朱熹、张栻之学得程氏之正，其源委脉络皆出于时。”明学士程敏政在《翰林院题覆疏》中则称：“要之，无龟山则无朱子。”

可是，杨时逝世时（1135），朱熹才五岁，二人并未谋面，杨时是如何将程氏之学传给朱熹的呢？

明代何乔新在《道南祠记》中说：“矧七闽僻在南服，自薛令之以进士举，士知科目之荣矣；自欧阳詹以文学显，士知文章之重矣。至于道学之说，则慨乎未闻。及河南二程夫子得孔孟不传之学于遗经，其学则行于中州，未及南国。（龟山）先生以绝伦之资生于此邦，闻程夫子之道，北之河洛而学焉，穷探力索，务及其趣。及辞归，程子送之曰。‘吾道南矣！’故一传而得豫章，再传而得延平，三传而得紫阳朱夫子，集诸儒之大成，绍孔孟之绝绪，其道益光。而西山蔡氏、勉斋黄氏、九峰蔡氏、北溪陈氏相继而兴，闽之道学遂与邹鲁同风，其波及四方者，皆本于闽。呜呼盛哉，揆厥所自，先生之功大矣。”这一记载说明了四点：一是当时福建地方偏僻，文化开发较迟，是杨时听说道学的奥妙并亲自去河南向二程学习，才把洛学引进福建；二是杨时将正宗的洛学传给了罗从彦，罗从彦再传给了李侗，李侗又传给了朱熹；三是朱熹“集诸儒之大成”，建立起一个博大精深的考亭学派，使“其道益光”；四是在西山蔡氏等人的共同努力下，福建的文化得到了进一步的开发，成为堪与孔孟家乡相媲美的“海滨邹鲁”。那么杨时对朱熹的影响都体现在哪里呢？

一、杨时与朱松

朱熹之父朱松（1097—1135），字乔年，安徽婺源人。政和中第进士，为政和尉。父森卒，贫不能归葬，故葬其邑。服除，调尤溪尉。绍兴四年除正字。赵鼎为相，除校书郎，累迁吏部员外郎。秦桧决策议和，松与同列上章极言其不便。使桧怒，风御史论其怀异自贤，出知饶州，未赴，奉祠。松自初筮入闽，后游宦往来闽中，从罗从彦、萧顗学。晚寓建州城南终焉。以子熹累赠至通议大夫。

（一）朱松曾师事杨时的学生罗从彦和萧顗，且与杨时的学生陈渊（杨时女婿）相友善

据明万历《将乐县志·人物志》载：“罗从彦，字仲素，剑浦人。从学于龟山先生之门。初见龟山先生三日，即惊汗浃背曰：‘不至是，几虚一生矣。’朱紫阳谓龟山倡道东南，士之游其门者甚众，然潜思力行，任重诣极，惟仲素一人而已。冯梦得曰：‘豫章罗先生上承伊川、龟山之传，下授延平、晦庵之学，东南学者未能或之先。’”

另据明黄仲昭《八闽通志·人物》载：“萧顗，字子庄，浦城人。天资朴实。少孤，事母以孝闻，母丧，庐墓有灵芝之异。与李郁、陈渊、罗从彦同授业杨时之门，尝答范某书云：‘士之所志，舍仁义而何为哉？惟仁必欲熟，义必欲精；仁熟则造次颠沛有所不违，义精则利用安身而德崇矣。’晚以累举得官，为清流县主簿，终岁而归，徜徉闾里。朱松尝师事之。”

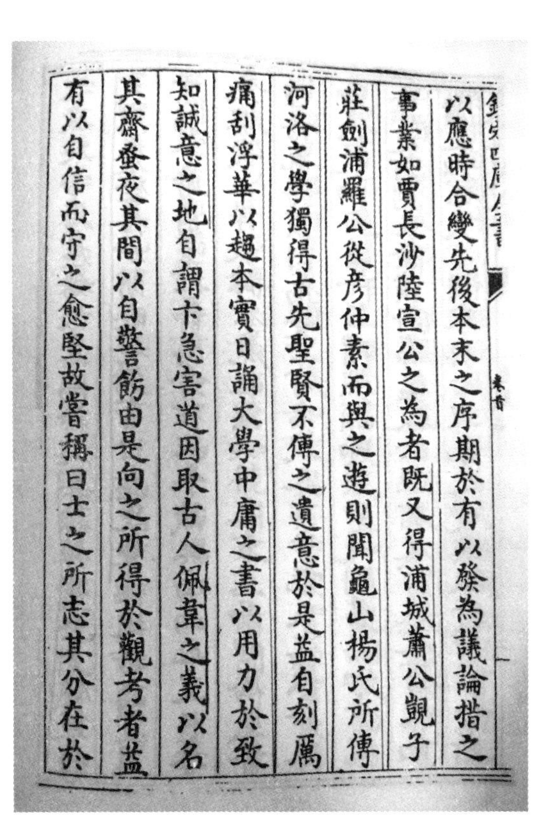
以應時合變先後本末之序期於有以發為議論措之
事業如賈長沙陸宣公之為者既又得浦城蕭公顗子
莊劍浦羅公從彥仲素而與之遊則聞龜山楊氏所傳
河洛之學獨得古先聖賢不傳之遺意於是益自刻厲
痛刮浮華以趨本實日誦大學中庸之書以用力於致
知誠意之地自謂卞急害道因取古人佩韋之義以名
其齋蚤夜其間以自警飭由是向之所得於觀考者益
有以自信而守之愈堅故嘗稱曰士之所志其分在於

朱松为其父写的《行状》书影

据清顺治《延平府志》载：朱松“少有高节大志，为文汪洋宏放，诗苍古秀发。尝慕贾长

沙、陆宣公为人，复得闻杨龟山河洛之学，益自振励”。黄宗羲在《宋元学案》中则说：朱松“自来闽中，多从龟山门下士游”，“初以诗名，继而契心于贾谊、陆贽之通达治理，及得浦城萧子庄（顗）、剑浦罗仲素（从彦）而师之，以传河洛之学，而昔之余习尽矣”。朱熹在为其父朱松所做的《行状》中也称：“公生有俊才，自为儿童时，出语已惊人。少长，游学校为举子文即清新洒落，无当时陈腐卑弱之风。及去场屋，始放意为诗文。其诗初亦不事雕饰而天然秀发，格力闲暇，超然有出尘之趣，远近传诵。至闻京师，一时前辈以诗鸣者，往往未识其面而已，交口誉之。其文汪洋放肆，不见涯涘，如川之方至而奔腾蹙沓，浑浩流转，顷刻万变，不可名状。人亦少能及之，然公未尝以是而自喜。一日，喟然顾而叹曰：‘是则昌矣，如去道愈远何则。’又发愤折节，益取六经诸史、百氏之书，伏而读之，以求天下国家兴亡理乱之变与夫一时君子所以应时合变、先后本末之序，期予有以发为议论，措之事业，如贾长沙、陆宣公之为者。既又得浦城萧公顗子庄、剑浦罗公从彦仲素，而与之游，则闻龟山杨氏所传河洛之学，独得古先圣贤不传之遗意。于是益自刻厉，痛刮浮华以趋本实，日诵《大学》《中庸》之书以用力于致知诚意之地。”（《韦斋集》卷首）罗从彦则在为朱松所做的《韦斋记》中称：“朱乔年（松）得尤溪尉，尝治一室聚群书，宴坐寝休其间。后知《大学》之渊源，异端之学无所入于其心。”

此外，朱松在《和几叟秋日南浦十绝句简子庄寄几叟》中这样写：

心亲千里不辞遥，咫尺衡门棲市桥。
万卷舌端真历历，一丘胸次更嚣嚣。

平生学道着功深，世事萦人负此心。
赖有关西门下士，洛川流派得重寻。

屹屹龟山障末流，藩墙一望渺无由。
胸中万里平生事，肯踏寻常只么休。

残书倦展水沈烧，那有堂前学子嘲。
卧读萧陈秋夕句，不知烟暝鸟争巢。

不见陈公岁又除，七峰深处食无鱼。
终烦指似龟山路，会使人疑得异书。

从这些诗中，可以看出杨时、萧顗和陈渊对朱松的影响。

几叟，即“陈渊，字知默，初名渐，字几叟，沙县人，瓘之从孙也。早闻家学，寓将乐从龟山先生游。与罗从彦为友。时称其‘深识圣贤旨趣’，遂妻以女。胡安国荐为监察御史。与高宗论程、王学术同异，高宗善之”。（明弘治《将乐县志·人物》）

朱松常以“四书”为本，对朱熹作开蒙教育。据《朱子年谱》载，朱熹在十来岁时，就在其父朱松的教诲下，日读《大学》《中庸》《论语》《孟子》无间断，以做圣人为自己的追求。

（二）朱松曾代郑德与作《祭龟山先生》文

在朱松的《韦斋集》卷十二中载有一篇朱松代友人郑德与所做的祭龟山先生的祭文：

道丧千载，圣远言堙。矧曰国家，莫善其身。
三川之郊，笃生至人。公甫筮仕，抠衣其门。
圣有遗训，俗学所霾。手摩层云，日星昭回。
六十余年，学者有师。斯文所寄，天亦耆之。
靖康初元，天子侧席。擢从史氏，来长谏列。

国势危安，廷议中式。有怀必献，曰此予责。
帝在淮海，始初清明。日御诗书，渴见老成。
白发苍颜，归侍迩英。如周武王，丹书是承。
得谢言旋，田里燕息。有言有行，四海是式。
谓当期颐，难老永锡。执馈乞言，福我王国。
云何一卧，遽告易箦。邦人涕洟，朝野太息。
嗟哉寘顽，多难是婴。避影趋风，久愧未能。
越自世父，执经师听。德义之契，施及晚生。
惟先君子，谋谟密勿。天啬之年，勋著王室。
公畀铭章，黼黻金石。幽窾是藏，以诏无报。
盛德之赐，曷酬万一。祖祭有期，未从执绋。
帝怀元者，天不慭遗。奠觞一哀，岂独吾私。

从这篇祭文可以看出，郑德与的伯父曾师事杨时，“越自世父，执经师听”。“德义之契，施及晚生”，则说明郑德与曾师事这位伯父，可以算是杨时的再传弟子，甚至关系还比较密切，因此在杨时逝世时，才会叫朱松代写这篇祭文。而朱松也是杨时的再传弟子，为师兄代写祭文，同悼师爷，亦在情理之中。至于郑德与，未见记载。据明嘉靖《尤溪县志·建置志》南溪书院条目载：元林兴祖记：“韦斋先生尉尤溪，官满，假馆溪南义斋郑氏，宋建炎庚戌九月十五日，实生文公于溪南馆。嘉熙丁酉五月，知县李修于文公始生地创祠堂，合奉韦斋先生、晦庵先生，以黄勉斋、郑义斋配。”在清顺治《延平府志·人物志·先正》中记载：“郑乾道，号义斋，尤溪人。与朱松友善，时其讲学，假馆以处松，为南溪书院。”另在《人物志·名宦》朱松条目中载有：“（朱松）服除，改尉尤溪。与邑中先达金紫光禄大夫郑义斋，进士庄德灿时共讲学。任满，假郑馆以居。”由此可见，朱松假尤溪人郑义斋溪南馆以居，郑义斋应与郑德与有关。

另在朱松的《韦斋集》卷四中有一首《次韵郑德与归舟中感怀》：

两牛鸣地隔寒流，病起相望客鬓秋。
闻道唤船归别浦，坐怀联策倚沧州。
骚人空复惊摇落，胡贾何须叹滞留。
会拥蒙冲入河渭，看君黄色上眉头。

从诗中可以看出朱松与郑德与相交甚厚。

此外，《韦斋集》卷十二中还有一篇《祭郑龙岩文》：

我尉尤溪，少未闻道。不安厥官，跌宕物表。
虽贤宰君，不我瑕疵。美疾潜去，砭之药之。
比稍有闻，追悔何及。见容则多，贤哉师德。
九仙之别，俯仰六年。公官龙岩，手书见存。
知我倦游，日困羁旅。督以赴铨，旧家来寓。
来官公乡，日坊代期。阻阔十舍，跂予望之。
重九之书，粲然累纸。既再涉旬，与讣俱至。
呜呼哀哉！
公与人交，通介之间。外同光尘，泾渭了然。
达于民政，心为衡石。清畏人知，不求赫赫。
胜日婆娑，万事一尊。考详书诗，有流有源。
展矣古人，宜寿宜贵。岂期微疴，一卧遂蜕。
位高疾颠，基薄崇墉。播恶遗臭，形渥而凶。
公赍令名，全归墉下。位虽不充，不充无憾。
奕奕诸孤，甫以丧归。身有吏责，往吊不时。
德义之隆，追怀永慨。孰知予悲，寄此一酬。

从这篇祭文中可以看出："郑龙岩"曾为尤溪县宰，与朱松既是同僚，更是师友，当时朱松"少未闻道，不安厥官"，而作为县里一把手的"郑龙岩""不我瑕疵，美疵潜去，砭之药之"。后来，郑公官龙岩，知朱松"日困羁旅"，还"督以赴铨"，并书信往来，"粲然累纸"。郑公病卒于官，朱松悲恸万分，写了此篇祭文，足见他们之间的感情甚笃。但文中未言明"郑龙岩"即郑德与。而身为杨时学生的"世父"是谁也还有待佐证。

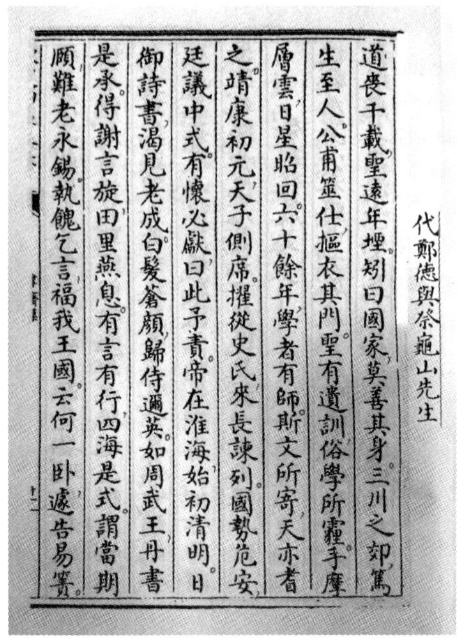

代鄭德與祭龜山先生

道喪千載，聖遠年湮。剡曰國家，莫善其身。三川之邛，篤生至人。公甫筮仕，摳衣其門。聖有遺訓，俗學所霾。手摩層雲，日星昭回。六十餘年，學者有師。斯文所寄，天亦耆之。靖康初元，天子側席。擢從史氏，來長諫列。國勢危安，廷議中式。有懷必獻，曰此予責。帝在淮海，始初清明。日御詩書，渴見老成。白髮蒼顏，歸侍邇英。如周武王，丹書是承。得謝言旋，田里燕息。有言有行，四海是式。謂當期頤，雖老永錫。執饋乞言，福我王國。云何一卧，遽告易簀。

朱松《代郑德与祭龟山先生》文书影

（三）朱松与杨时的孙子杨云友善，并为其父杨迪撰写墓志铭

朱松曾在《杨遵道墓志铭》中写道："（杨）云与予相好，学业志操能世其家者。"

明万历《将乐县志·选举志》载："杨云（1098—1164），迪之子，字师道，由进士官至福建安抚司参议。"

宋徽宗崇宁三年（1105），杨时官荆南府教授。长子杨迪"归展先茔，八月甲子，次于邵武之传舍以疾卒"。是时，杨云才六岁，后若干年，"以舅氏抚州司马曹氏僎年之状来请铭"，朱松为此撰写了《杨遵道墓志铭》。

明万历《将乐县志·人物志》载："杨迪（1107—1162），字遵道，将乐人，龟山先生冢子也。髫时已能力学，指物即赋。既冠，盖贯穿古今。平居无喜愠色，孝友和易，中外无间言。少抱遗经游伊川之门，多士咸敛手推先。伊川尝答龟山书曰：'令子名迪者好学质美，当成远器。其于《易》《春秋》尤精。'登进士，官至奉议大夫。崇宁三年以疾卒。遗文数百篇，后朱晦翁（熹）得而读之，叹曰：'是所谓发微诣极、冰解的破者耶。'"

结合朱松写的墓志铭，我们可以获得如下信息：一是杨迪为龟山先生长子。崇宁三年八月从荆州回将乐"归展先茔"而病逝于邵武。联想到杨时的孙子杨航也是从无锡"春回将乐旧居省拜祖墓，值春阴，途中风雨迭至，遂得疾。比归，病转剧，然神明不乱，临殁正襟冠而逝"（张栻《南怀先生墓志铭》），可以想见杨时孝亲敬祖、代代相传的优良家风。二是杨迪"负超诣绝人之资""少抱遗经游伊川之门"，力学通经，德才兼备。三是朱松与杨迪虽未谋面，然"自来闽中，多从龟山门下士游"，而知其为人为学，又与其子杨云友善，因而作文表达悼念之情。

（四）朱松逝世前曾将朱熹托付给杨时的门下之士"武夷三先生"

绍兴十三年（1143）三月，朱松逝世前，曾命朱熹前往五夫里从学于"武夷三先生"，即刘勉之、刘子翚和胡宪。

刘勉之，（1092—1149），字致中，崇安人。父元振游太学，吕大临、游酢皆与为友。勉之初诣太学，时方禁挟元祐书，勉之求得，每深夜潜抄而默诵之。复从谯定学《易》，已而揖诸生归，见刘安世、杨时，皆请业焉。即邑近郊结草堂，与胡宪、刘子翚日以讲学为事。绍兴间，吕本中（杨时学生）疏荐，召诣阙，秦桧方主和，虑勉之，见上持正论，乃不引见，但令策诚后给札而已。勉之即谢病归。杜门十余年，学者踵至，随其材品为说圣贤教学之门，及前言往行之仪。学者号“白水先生”。友人朱松卒，属以后事，且戒其子熹受学。勉之经纪其家，而诲熹如子侄，并妻以女。“熹之得道自勉之始”。（明黄仲昭《八闽通志·人物》）

刘子翚（1101—1147），字彦冲，号病翁，崇安人。刘韐之仲子。以父任授承务郎，辟真定府幕属。韐死靖康之难，子翚痛愤，几无以为生，墓三年。服除，通判兴化军。子翚始执丧羸疾，至是以不堪吏责，辞归武夷山，不出者凡十七年。间走其父墓下，瞻望徘徊，涕泗呜咽，或累日而返。妻死不再娶，事继母吕氏及兄子羽，尽孝友。与籍溪胡宪、白水刘勉之交相得，每见，讲学外无杂言。初，熹父松且死，对朱熹说：“籍溪胡原仲（宪）、白水刘致中（勉之）、屏山刘彦冲（子翚），此三人者，吾友也。其学皆有渊源，吾所敬畏。吾即死，汝往父事之，而惟其言之听，则吾死不恨矣。”朱熹向刘子翚请教入道门径和次第，“子翚告之以：‘《易》之“不远复”者，吾之三字符也，佩服周旋，罔敢失坠。’”（明黄仲昭《八闽通志·人物》）刘子翚待朱熹如子侄，为朱熹之义父，给朱熹取字元晦，希望他成为一个外表不露、道德内蓄之人。朱熹自认为元者四德之首，愧不敢当，就自己改字仲晦。刘子翚在去世前的四年中，专心教诲朱熹，又为之构筑简易的屏山书院。朱熹后来将儒学发扬光大，成为理学大师，得益于刘子翚的悉心培养。

刘子翚卒溢“文靖”，有《屏山集》二十卷传世。朱熹在《屏山集跋》中称：“先生文辞之伟，固足以惊一世之耳目，然其精微之学、静退之风，形于文墨，有足以发蒙蔽而销鄙吝之心者，尤览者所宜尽心也。”

胡宪（1084—1162），字原仲，胡安国之侄，崇安人。初从安国游。绍兴中入太学，会洛学有禁，独阴与刘勉之诵习其说。问《易》

于谯定，久未有得。定曰：“心乃物渍，故不能有见，唯学乃可明耳。”宪叹曰：“所谓学者，非克己工夫耶？”自是一意下学，不求人知，已而归隐故山。力田卖药，供奉其亲。折彦直、范冲等上其所义，被召，以母老辞。及彦直入西府，又言于上，趣召愈急，力辞。乃赐进士出身，添差建州教授，学者大化。以母老丐祠，久之。晚岁起为秘书省正字。疏言“金人大治汴京宫室，势必败盟，识者皆谓非张浚、刘锜莫能当，愿亟起用之，臣死不恨”。疏入，即求去。方宪之赴召也，适秦桧讳言之。后与王十朋、冯方、查籥、李浩相继论事，太学生为《五贤诗》歌之，人益信宪不苟出，而惜其在位未久，不究厥施玄。平生从游者甚众，而朱熹为最久，学者称“籍溪先生”，卒谥“靖肃”。所著有《论语会义》诸书行于世。（明黄仲昭《八闽通志・人物》）

胡宪的伯父胡安国（1074—1138），字康侯，崇安人。入太学以程颐之友朱长文及靳裁之为师，既仕，又质访于杨时、游酢、谢良佐诸贤。登进士第三，徽宗朝累迁屯田郎，除中书舍人。除尊侍读，专讲《春秋》。再除外祠，进宝文阁直学士，卒谥“文定”。有《文集》十五卷、《资治通鉴举要补遗》一百卷。（明黄仲昭《八闽通志・人物》）据《宋史・胡安国传》载：“安国之使湖北也，（杨）时方为府教授，良佐为应城宰。安国每来谒而去，必端笏正立目送之。”另据《宋史・杨时传》载：“（杨）时在东郡，所交皆天下士，先达陈瓘、邹浩皆以师礼事时。暨渡江，东南学者推时为程氏正宗。与胡安国往来讲论尤多。”仅在《龟山集》中，杨时《答胡康侯》问学、问政的书信就有十七封。

从上不难看出，刘勉之、刘子翚、胡宪皆为龟山先生门下之士，推崇二程洛学。但“三先生”学问的侧重点有所不同，所以对朱熹的影响也各有不同。刘勉之是朱熹的启蒙恩师，是他最早将二程论《西铭》的著作传授给朱熹。在朱熹穷毕生精力撰写的理学经典之作《四书集注》之《论语集注》中采用了刘勉之的三条材料，可见刘勉之对朱熹的影响。刘子翚的理学具有以儒学融合佛、老之学的特点，而其论述道统心传的思想更具特色。胡宪则是朱熹《礼》学的启蒙老师，朱熹跟他学习的时间最久。胡宪引导朱熹沟通湖湘学，其《论语会义》成为朱熹撰写《论语集注》的一个蓝本。

二、杨时与朱熹

（一）朱熹是杨时的再传弟子李侗的学生，得杨时所传的“程氏正宗”，并创立了闽学

李侗（1093—1163），字愿中，号延平，南剑州剑浦（今延平区）人。他与朱熹的父亲朱松同为罗从彦的弟子。“侗年二十四，闻罗从彦得河洛之学，以书谒之而请学焉。从之累年，授《中庸》《语》《孟》之说。从彦好静坐，侗亦静坐。从彦令静中看喜怒哀乐未发前气象而求所谓中者，久之，而于天下之理该摄洞贯以次融释，各有条序，从彦极称许焉。既而退居山田，谢绝世故，余四十年，食饮或不充，而怡然自适。沙县邓迪尝曰：‘愿中如冰壶秋月，莹彻无瑕。’而朱熹亦称：‘侗姿禀劲特，气节豪迈，而克养完粹，无复圭角，精纯之气达于面目，色温言厉，神定气和，语默动静，端谨闲泰，自然之中若有成法。平日恂恂，于事若无其可否，及其酬酢事变，断以义理，则有截然不可犯者。’学者称‘延平先生’，卒谥‘文靖’。遗书有《延平问答》及《语录》。”（明黄仲昭《八闽通志·人物》）

绍兴二十三年（1153）五月，朱熹赴同安主簿任，途经延平，拜见父亲的同门学友李侗，向他讲了从刘勉之、刘子翚、胡宪处受到佛学的影响，却遭到李侗的否定，并要他“只教看圣贤言语”“去圣经

中求义”。虽然朱熹当时不以为然，后来经过社会实践和长时间的反复思考，认识到“毕竟佛学无是处”，“某遂将那禅来权倚阁起。意中道，禅亦自在，且将圣人书来读。读来读去，一日复一日，觉得圣贤言语渐渐有味，却回头看释氏之说，渐渐破绽罅漏百出”。（《朱子语类》卷一〇四）此后朱熹拜李侗为师，“受学于先生（李侗）之门，服膺先生之训，剖微穷深，至忘寝食。”（明周木《延平答问序》）明罗钦顺《困知记》也说：“朱子年十五六即有志于道，求之释氏者几十年，又年二十有四，始得延平李先生而师事之，于是大悟禅学之非，而尽弃旧学。”求学李侗，不仅使朱熹思想得到“逃禅归儒”的转变，而且为他后来阐发洛学，集周敦颐以下北宋以来理学之大成，创立闽学奠定了坚实的基础。

李侗对晚年得朱熹为徒也十分欣慰，他在给同学罗博文的书信中称：“元晦（朱熹）进学甚力，乐善畏义，吾党鲜有。晚得此人，商量所疑，甚慰！”“此人极颖悟，力行可畏，讲学极造微处。某因追求有所省，渠所论难处，皆是操戈入室，俱从源头体认来，故皆就里面体认。今既论难，见儒者脉络，极能指其误差之处。自见罗先生（从彦）以来，未见有如此者。”（《李延平集》卷三《与罗博文书》）

明代翰林院学士程敏政在《翰林院题覆疏》中称：

自两程子嗣孔孟不传之统，及门之士得以道见许者，龟山一人而已。盖龟山一传为豫章罗氏，再传为延平李氏，以授朱子，号为正宗。文定胡氏（安国）亲承指授而《春秋》之传作；南轩（张栻）张氏上溯渊源，而太极之义阐。心学所渐，本源伊洛，使天下之人晓然知虚寂之非道，训诂之非学，词章之非艺，则龟山传道之功不可诬矣。

崇、宣之世，京、黼柄国，跻王安石于配享，位次孟子，而颁其《新经》以取士。尊王安石为圣人，不复知有孔子；颂《新经》为圣言，不复知有古训。僭圣叛经凡数十年。龟山入朝，首黜其配享，不令侧先圣之庙廷；废其《新经》，不令蠹学者之心术。又请罢纲议，以收人心；斥和议，以张国势；窜权臣，以正邦宪；培主德，以崇治本。竑议谠言，虽不尽用，然使天下之人知邪说之当息，诐行之当距，淫辞之当放，则龟山卫道之功，亦不可掩矣。

或有疑其出处之际，而少其著述之功，则亦有可言者。朱子谓龟山之出，惟胡文定公之言最公，曰："当时若听用，决须救得一半。"而文定亦从"蔡氏焉能浼之"。然则以出处见疑者，未考之过也。龟山值洛学党禁之余，指示学者以大本所在，体验之功，转相授受。而朱子得闻其指诀，见于何铸之书。朱子于"理一分殊"之论，称其"年高德盛而所见益精"，于是为《西铭》之跋。要之，"无龟山则无朱子；而龟山之道，非知德者，殆未可轻议"。

杨时的大量著述，在宣传和普及孔孟思想、阐发孔孟之道的真谛方面，发挥了重要的作用，并对朱熹集诸儒之大成创立闽学，产生了重要的影响。

1. 关于"四书"

儒家的核心经典是"四书五经"，但这一概念在儒家初创时尚不存在。孔子、孟子用《诗》《书》《礼》《易》《乐》《春秋》"六经"教授门徒，而《乐经》在秦代失传，仅余"五经"。程颢、程颐从《礼记》中取出《大学》《中庸》两篇，与《论语》《孟子》并列，提出了"四书"的概念并极力推崇，"于是上自帝王传心之奥，下至初学入德之门，融合连贯，无复余蕴"。（《宋史·道学传》序论）但二程都认为，儒学最重要的经典是《易》。

杨时师承二程，也高度重视"四书"，并率先提出"四书"是儒家最重要的经典，地位甚至高于"五经"，从而使原始儒家重"五经"

向宋明理学重“四书”转变。他说：“余窃谓《大学》者，其学者之门乎，不由其门而欲望其堂奥，非余所知也。”（《龟山集》卷二十六《题萧欲仁〈大学〉篇后》）又说：“《中庸》之书，盖圣学之渊源，入德之大方也。……道学之传，有是书而已。”（杨时《中庸义序》）对《论语》则说：“《论语》之书，孔子所以告其门人，群弟子所以学于孔子者也。圣学之传，其不在兹乎？”（杨时《论语义序》）对《孟子》则说：“孟子以睿知刚明之材，出于道学陵夷之后，非尧舜之道不陈于王前，非孔子之行不行于事，思以道授天下，绍复先王之令绪，其自任可谓至矣。……则圣人之庭户可渐进矣。”（杨时《孟子义序》）为此，他著述不倦，开展了重新诠释和再造儒学经典的工作，主要著作有《中庸解》若干卷、《周礼解》若干卷、《书解》若干卷、《经筵讲义》若干卷、《目录论》若干卷、《奏议》若干卷。

朱熹理学研究中影响最大的是《四书集注》。自元中期后，此书成为科举考试的标准试卷，风靡近七百年，且远播东南亚，对儒学的发展产生过巨大的影响。在这本书中，朱熹大量引用前人的论述，据统计，这本书中共引用了32位学者731条语录，其中杨时74条（《中庸集注》1条、《论语集注》50条、《孟子集注》23条），位居第三。值得注意的是，有41处注文中只引用了杨时的观点，单独引用的次数远高于其他学者。在个别章节，杨时的观点甚至被置于二程之前，而且朱熹在《孟子序说》中还特别引述了杨时关于正心诚意的论述，作为注解《孟子》的提纲挈领性说明。同时，还引述了杨时以道统论注解“四书”的一段言论，作为《孟子集注》的结尾。这些都表明了朱熹构筑自己理学的理论体系时，是把杨时的论述当成相当重要的依据。

附：朱熹《四书集注》引用杨时论述

中庸集注

“天命之谓性，率性之谓道，修道之谓教。”朱熹《集注》：“右第一章，子思述所传之意以立言，首明道之本原出于天而不可易，其实体备于己而不可离；次言存养查察之要，终言圣神功化之极。盖欲学者于此，反求诸身而自得之，以去夫外诱之私，而充其本体之善。杨氏所谓‘一篇之体要’是也。其下十章，盖子思引夫子之言，以终此章之意。”

论语集注

学而第一

子曰：“道千乘之国，敬事而信，节用而爱人，使民以时。”朱熹注曰：“杨氏曰：‘上不敬则下慢，不信则下疑。下慢而疑，事不立矣。敬事而信，以身先之也。’《易》曰：‘节以制度，不伤财，不害民。’盖侈用则伤财，伤财必至于害民，故爱民中先于节用。然使之不以其时，则力本者不获自尽，虽有爱人之心，而人不被其泽矣。然此特论其所存而已，未及为政也。苟无是心，则虽有政，不行焉。”

八佾第三

一

林放问礼之本。子曰：“大哉问！礼，与其奢也，宁俭；丧，与其易也，宁戚。”朱熹《集注》：“杨氏曰：‘礼始诸饮食，故污尊而抔饮，为之簠、簋、笾、豆、罍、爵之饰，所以文之也，则其本俭而已。丧不可以径情而直行，为之衰麻哭踊之数，所以节之也，则其本戚而已。周衰，世方以文灭质，而林放独能问礼之本，故夫子大之，而告之以此。’”

二

子曰："绘事后素。"曰："礼后乎？"子曰："起予者商也！始可与言诗已矣。"朱熹《集注》："杨氏曰：'甘受和，白受采。忠信之人，可以学礼。苟无其质，礼不虚行。'此'绘事后素'之说也，孔子曰'绘事后素'，而子夏曰'礼后乎'，可谓能继其志矣。非得之言意之表者能之乎？商、赐可与言诗者以此。若夫玩心于章句之末，则为诗也固而已矣。所谓'起予'，则亦相长之义也。"

三

子曰："射不主皮，为力不同科也，古之道也。"朱熹《集注》："杨氏曰：'中可以学而能，力不可以强而至。圣人言古之道，所以正今之失。'"

四

子贡欲去告朔之饩羊。子曰："赐也，尔爱其羊，我爱其礼。"朱熹《集注》："杨氏曰：'告朔，诸侯所以禀命于君亲，礼之大者。鲁不视朔矣，然羊存则告朔之名未泯，而其实因可举。此夫子所以惜之也。'"

五

子曰："邦君树塞门，管氏亦树塞门。邦君为两君之好，有反坫；管氏亦有反坫。管氏而知礼，孰不知礼？"朱熹《集注》："杨氏曰：'夫子大管仲之功而小其器，盖非王佐之才，虽能合诸侯，正天下、其器不足称也。道学不明，而王霸之略混为一途，故闻管仲之器小，则疑其为俭，以不俭告之，则又疑其知礼。盖世方以诡遇为功，而不知为之范，则不悟其小宜矣。'"

里仁第四

一

子曰："苟志于仁矣，无恶也。"朱熹《集注》："杨氏曰：'苟志于仁，未必无过举也，然而为恶则无矣。'"

二

子曰："君子喻于义，小人喻于利。"朱熹《集注》："杨氏曰：'君子有舍生而取义者，以利言之，则人之所欲无甚于生，所恶无甚于死，孰肯舍生而取义哉？其所喻者义而已，不知利之为利故也，小人反是。'"

雍也第六

一

子游为武城宰。子曰："女得人焉尔乎？"曰："有澹台灭明者，行不由径。非公事，未尝至于偃之室也。"朱熹《集注》："杨氏曰：'为政以人才为先，故孔子以得人为问。如灭明者，观其二事之小，而其正大之情可见矣。后世有不由径者，人必以为迂；不至其室，人必以为简。非孔氏之徒，其孰能知而取之？愚谓持身以灭明者为法，则无苟贱之羞。取人以子游为法，则无邪媚之惑。'"

二

子曰："质胜文则野，文胜质彬彬，然后君子。"朱熹《集注》："杨氏曰：'文质不可以相胜。然质之胜文，犹之甘可以受和，白可以受采也。文胜而至于灭质，则其本亡矣。虽有文，将安施乎？然则与其史也，宁野。'"

述而第七

一

子之燕居，申申如也，夭夭如也。朱熹《集注》："杨氏曰：'申申，其容舒也。夭夭，其色愉也。'"

二

子曰："富而可求也，虽执鞭之士，吾亦为之；如不可求，从吾所好。"朱熹《集注》："杨氏曰：'君子非恶富贵而不求，以其在天，无可求之道也。'"

泰伯第八

一

子曰："三年学，不至于谷，不易得也。"朱熹《集注》："杨氏曰：'虽子张之贤，犹以干禄为问，况其下者乎？然则三年学而不至于谷，宜不易得也。'"

二

子曰："禹，吾无间然矣。菲饮食而致孝乎鬼神，恶衣服而致美乎黻冕，卑宫室而尽力乎沟洫。禹，吾无间然矣。"朱熹《集注》："杨氏曰：'薄于自奉而所勤者民之事，所致饰者宗庙朝廷之礼，所谓有天下而不与也，夫何间然之有？'"

子罕第九

一

子绝四：毋意，毋必，毋固，毋我。朱熹《集注》："杨氏曰：'非知足以知圣人，祥视而默识之，不足以记此。'"

二

颜渊喟然叹曰："仰之弥高，钻之弥坚，瞻之在前，忽焉在后。夫子循循善诱人，博我以文，约我以礼，欲罢不能。既竭吾才，如有所立卓尔，虽欲从之，末由也已。"朱熹《集注》："杨氏曰：'自可欲之谓善，充而至于大，力行之积也。大而化之，则非力行所及矣，此颜子所未达一间也。'"

三

子曰："且予与其死于臣之手也，无宁死于二三子之手乎？且予纵不得大葬，予死于道路乎？"朱熹《集注》："杨氏曰：'非知至而意诚，则用智自私，不知其所无事，往往自陷于行诈欺天而莫之知也。其子路之谓乎？’”

四

子曰：“法语之言，能无从乎？改之为贵。巽与之言，能无说乎？绎之为贵。说而不绎，从而不改，吾未知如之何也已矣。”朱熹《集注》：“杨氏曰：‘法言，若孟子论行王政之类是也。巽言，若其论好货好色之类是也。语之而未达，拒之而不受，犹之可也。其或喻焉，则尚庶几其能改绎矣。从且说矣，而不改绎焉，则是终不改绎也已，虽圣人其如之何哉？’”

五

子曰：“可与共学，未可与适道；可与适道，未可与立；可与立，未可与权。”朱熹《集注》：“杨氏曰：‘知为己，则可与共学矣；学足以明善，然后可与适道；信道笃，然后可与立；知时措之宜，然后可与权。’”

乡党第十

一

朱熹《集注》：“杨氏曰：‘圣人之所谓道者，不离乎日用之间也。故夫子之平日，一动一静，门人皆审视而详记之。’”

二

齐，必有明衣布。齐必变食，居必迁坐。朱熹《集注》：“变食谓不饮酒，不茹素；迁坐，易常处也。此一节，记孔子谨齐之事。杨氏曰：‘齐所以交神，故致洁变常以尽敬。’”

三

食不语，寝不言。朱熹《集注》：“答述曰语，自言曰言。范氏曰：‘圣人存心不他，当食而食，当寝而寝，言语非是时也。’杨氏曰：‘肺为气主而声出焉，寝食则气窒而不通，语言恐伤之也。’亦通。”

四

康子馈药，拜而受之。曰："丘未达，不敢尝。"朱熹《集注》："杨氏曰：'大夫有赐，拜而受之，礼也；未达不敢尝，谨疾也；必告之，直也。'"

先进第十

柴也愚，参也鲁，师也辟，由也喭。朱熹《集注》："杨氏曰：'四者性之偏，语之使知自励也。'"

颜渊第十二

一

子曰："为之难，言之得无讱乎？"朱熹《集注》："杨氏曰：'观此及下章再问之语，牛之易其言可知。'"

二

子张问明。子曰："浸润之谮，肤受之愬，不行焉，可谓明也已矣；浸润之谮，肤受之愬，不行焉，可谓远也已矣。"朱熹《集注》："杨氏曰：'骤而语之，与利害不切于身者，不行焉，有不待明者能之也。故浸润之谮、肤受之愬不行，然后谓之明，而又谓之远。'远则明之至也。《书》曰：'视远惟明。'"

三

哀公问于有若曰："年饥，用不足，如之何？"有若对曰："盍彻乎？"曰："二，吾犹不足，如之何其彻也？"对曰："百姓足，君孰与不足？百姓不足，君孰与足？"朱熹《集注》："杨氏曰：'仁政必自经界始。经界正，而后井地均，谷禄平，而军国之需，皆量是以为出焉。故一彻而百度举矣，上下宁忧不足乎？以二犹不足而教之彻，疑若迂矣。然什一，天下之中正。多则桀，寡则貉，不可改也。后世不究其本而惟末之图，故敛无艺，费出无经，而上下困矣。又恶知盍彻之当务而不为迂乎？’”

四

子张问崇德辨惑。子曰：“主忠信，徙义，崇德也；爱之欲其生，恶之欲其死。既欲其生，又欲其死，是惑也。‘诚不以富，亦只以异’。”朱熹《集注》：“杨氏曰：‘堂堂乎张也，难与并为仁矣。则非诚善补过不蔽于私者，故告之如此。’”

五

齐景公问政于孔子。孔子对曰：“君君臣臣父父子子。”公曰：“善哉！信如君不君，臣不臣，父不父，子不子，虽有粟，吾得而食诸？”朱熹《集注》：“杨氏曰：‘君之所以君，臣之所以臣，父之所以父，子之所以子，是必有道矣。景公知善夫子之言，而不知反求其所以然，盖悦而不绎者，齐之所以卒于乱也。’”

六

子曰：“听讼，吾犹人也，必也使无讼乎！”朱熹《集注》：“杨氏曰：‘子路片言可以折狱，而不知以礼逊为国，则未能使民无讼者也。故又记孔子之言，以见圣人不以听讼为难，而以使民无讼为贵。’”

子路第十三

一

名不正则言不顺，言不顺则事不成。朱熹《集注》：“杨氏曰：‘名不当其实，则言不顺。言不顺，则无以考实而事不成。’”

二

樊迟请学稼。子曰：“吾不如老农。”请学为圃。曰：“吾不如老圃。”樊迟出，子曰：“小人哉，樊须也！上好义，则民莫敢不服；上好信，则民莫敢不用情。夫如是，则四方之民襁负其子而至矣，焉用稼？”朱熹《集注》：“杨氏曰：‘樊须游圣人之门，而问稼圃，志则陋矣，辞而辟之可也，待其出而后言其非，何也？盖于其问也，自谓农圃之不如，则拒之者至矣。须之学疑不及此，而不能问，不能以三隅反矣，故不复。及其既出，则惧其终不可喻也，求老农老圃而学焉，则其失愈远矣。故复言之，使知前所言意有在也。’”

三

子谓卫公子荆善居室。始有曰苟合矣，少有曰苟完矣，富有曰苟美矣。朱熹《集注》：“杨氏曰：‘务为全美，则累物而骄吝之心生。公子荆皆曰苟而已，则不以外物为心，其欲易足故也。’”

四

子曰：“南人有言曰：‘人而无恒，不可以作巫医。’善夫！”“不恒其德，或承之羞。”子曰：“不占而已矣。”朱熹《集注》：“杨氏曰：‘君子于《易》，苟玩其占，则知无常之取羞矣。其为无常也，盖亦不占而已矣。’意亦略通。”

五

子曰：“刚毅木讷近于仁。”朱熹《集注》：“程子曰：‘木者，质朴；讷者，迟钝。四者质之近乎仁者也。’杨氏曰：‘刚毅则不屈于物欲，木讷则不至于外驰，故近仁。’”

宪问第十四

一

子曰：“孟公绰为赵魏老则优，不可以为滕薛大夫。”朱熹《集注》：“杨氏曰：‘知之弗豫，枉其才而用之，则为弃人矣。此君子所以患不知人也。言此，则孔子之用人可知矣。’”

二

子曰：“臧武仲以防求为后于鲁，虽曰不要君，君不信也。”朱熹《集注》：“杨氏曰：‘武仲卑辞请后，其迹非要君者，而意实要之。夫子之言，亦春秋诛意之法也。’”

三

子曰：“不逆诈，不亿不信。抑亦先觉者，是贤乎！”朱熹《集注》：“杨氏曰：‘君子一于诚而已，然未有诚而不明者。故虽不逆诈，不亿不信，而常先觉也。若夫不逆不亿而卒为小人所罔焉，斯亦不足观也已。’”

卫灵公第十五

一

子曰：“直哉史鱼！邦有道，如矢；邦无道，如矢。君子哉蘧伯玉！邦有道，则仕；邦无道，则可卷而怀之。”朱熹《集注》：“杨氏曰：‘史鱼之直，未尽君子之道。若蘧伯玉然后可免于乱世。若史鱼之如矢，则虽欲卷而怀之，有不可得也。’”

二

子曰：“君子求诸己，小人求诸人。”朱熹《集注》：“杨氏曰：‘君子虽不病人之不己知，然亦疾没世而名不称也。虽疾没世而名不称，然所以求者，亦反诸己而已。小人求诸人，故违道干誉，无所不至。三者文不相蒙，而义实相足，亦记言者之意。’”

三

子曰：“吾犹及史之阙文也，有马者借人乘之，今亡矣夫！”朱熹《集注》：“杨氏曰：‘史阙文，马借人，此二事孔子犹及见之。今亡矣夫，悼时之益偷也。’”

四

子曰：“众恶之，必察焉；众好之，必察焉。”朱熹《集注》：“杨氏曰：‘惟仁者能好恶人。众好恶之而不察，则或蔽于私矣。’”

季氏第十六

孔子曰：“生而知之者，上也；学而知之者，次也；困而学之，又其次也；困而不学，民斯为下矣。”朱熹《集注》：“杨氏曰：‘生知、学知，以至困学，虽其质不同，然及其知之一也。故君子惟学之为贵。困而不学，然后为下。’”

阳货第十七

一

阳货欲见孔子，孔子不见，归孔子豚。孔子其时亡也，而往拜之，遇诸涂。谓孔子曰:“来，予与尔言。”曰:“怀其宝而迷其邦，可谓仁乎？”曰:“不可。”“好从事而亟失时，可谓知乎？”曰：“不可。”“日月逝矣，岁不我与。”孔子曰：“诺。吾将仕矣。”朱熹《集注》：“杨氏曰：‘扬雄谓孔子于阳货也，敬所不敬，为诎身以信道，非知孔子者。盖道外无身，身外无道。身诎矣而可以信道，吾未之信也。’”

二

子曰:“然，有是言也。不曰坚乎？磨而不磷；不曰白乎？涅而不缁。”朱熹《集注》:“杨氏曰：‘磨不磷，涅不缁，而后无可无不可。坚白不足，而欲自试于磨涅，其不磷缁也者几希。’”

三

子贡曰：“君子亦有恶乎？”子曰：“有恶称人之恶者，恶居下游而讪上者，恶勇而无礼者，恶果敢而窒者。”曰：“赐也亦有恶乎？恶徼以为知者，恶不逊以为勇者，恶讦以为直者。”朱熹《集注》：“杨氏曰：‘仁者无不爱，则君子疑若无恶矣。子贡之有是心也，故问焉以质其是非。’”

微子第十八

微子去之，箕子为之奴，比干谏而死。孔子曰：“殷有三仁焉。”朱熹《集注》：“杨氏曰：‘此三人者，各得其本心，故同谓之仁。’”

子张第十九

一

子夏曰：“虽小道，必有可观者焉，致远恐泥，是以君子不为也。”朱熹《集注》：“杨氏曰：‘百家众技，犹耳目鼻口，皆有所明而不能相通。非无可观也，致远则泥矣，故君子不为也。’”

二

子游曰：“丧致乎哀而止。”朱熹《集注》：“杨氏曰：‘丧，与其易也宁戚，不若礼不足而哀有余之意。愚按而止二字，亦微有过于高远而简略细微之弊。学者详之。’”

尧曰第二十

尧曰：“咨尔舜，天之历数在汝躬，允执其中，四海困穷，天禄永终。”舜亦以命禹曰：“宽则得众，信则民任焉，敏则有功。”朱熹《集注》：“杨氏曰：‘《论语》之书，皆圣人微言，而其徒传守之，以明斯道者也。故于终篇，具载尧舜咨命之言，汤武誓师之意，与夫施之政事者，以明圣学之所传者，一于是而已。所以着明二十篇之大旨也。孟子于终篇，亦历叙尧、舜、汤、文、孔子相承之次，皆此意也。’”

孟子集注

孟子序说

朱熹《集注》：“杨氏曰：《孟子》一书，只是要正人心，教人存心养性，收其放心。至论仁、义、礼、智，则以恻隐、善恶、辞让、是非之心为之端。论邪说之害，则曰‘生于其心，害于其政’；论事君，则曰‘格君心之非’‘一正君而国定’。千变万化。只说从心上来。人能正心，则事无足为者矣。大学之修身、齐家、治国、平天下，其本只是正心、诚意而已。心得其正，然后知性之善。故孟子遇人便道性善。欧阳永叔却言‘圣人之教人，性非所先’，可谓误矣。人性上不可添一物，尧舜所以为万世法，亦是率性而已。所谓率性，循天理是也。外边用计用教，假饶立得功业，只是人欲之私。与圣贤作处，天地悬隔。”

梁惠王上

一

孟子对曰：“王好战，请以战喻。填然鼓之，兵刃既接，弃甲曳兵而走。或百步而后止，或五十步而后止。以五十步笑百步，则何如？”曰：“不可，直不百步耳，是亦走也。”曰：“王如此，则无望民之多于邻国也。”朱熹《集注》：“杨氏曰：‘移民移粟，荒政之所不废也。然不能行先王之道，而徒以是为尽心焉，则末矣。’”

二

“五亩之宅，树之以桑，五十者可以衣帛矣；鸡豚狗彘之畜，无失其时，七十者可以食肉矣；百亩之田，勿夺其时，八口之家可以无饥矣；谨庠序之教，申之以孝悌之义，颁白者不负戴于道路矣。老者衣帛食肉，黎民不饥不寒，然而不王者，未之有也。”朱熹《集注》：“杨氏曰：‘为天下者，举斯心加诸彼而已。然虽有仁心仁闻，而民不被其泽者，不行先王之道故也。故以制民之产告之。’此章言人君当黜霸功，行王道。而王道之要，不过推其不忍之心，以行不忍之政而已。齐王非无此心，而夺于功利之私，不能扩充以行仁政。虽以孟子反复晓告，精切如此，而蔽固已深，终不能悟，是可叹也。”

梁惠王下

一

庄暴见孟子。朱熹《集注》："杨氏曰：'乐以和为主，使人闻钟鼓管弦之音而疾首蹙頞，则虽奏以咸、英、韶、濩，无补于治也。故孟子告齐王以此，姑正其本而已。'"

二

王曰："寡人有疾，寡人好色。"对曰："昔者大王好色，爱厥妃。诗云：'古公亶甫，来朝走马，率西水浒，至于岐下。爰及美女，聿来胥宇。'当是时也，内无怨女，外无旷夫。王如好色，与百姓同之，于王何有？"朱熹《集注》："杨氏曰：'孟子与人君言，皆所以扩充其善心而格其非心，不止就事论事。若使为人臣者，论事每如此，岂不能尧舜其君乎？'"

三

"邠人曰：'仁人也，不可失也。'从者如归市。或曰：'世守也，非身之所能为也，效死勿去。'君请择于斯二者。"朱熹《集注》："杨氏曰：'孟子之于文公，始告之以效死而已，礼之正也。至其甚恐，则以大王之事告之，非得已也。然无大王之德而去，则民或不从而遂至于亡，则又不若效死之为愈。故又请择于斯二者。'又曰：'孟子所论，自世俗观之，则可谓无谋矣。然理之可为者，不过如此。舍此则必为仪秦之为矣。凡事求可，功求成。取必于智谋之末而不循天理之正者，非圣贤之道也。'"

公孙丑上

"或问乎曾西曰：'吾子与子路孰贤？'曾西淡然曰：'吾先子之所畏也。'曰：'然则吾子与管仲孰贤？'曾西艴然不悦，曰：'尔何曾比予于管仲？管仲得君，如彼其专也；行乎国政，如彼其久也；功烈，如彼其卑也。尔何曾比予于是？'"朱熹《集注》："杨氏曰：孔子言子路之才，曰‘千乘之国，可使治其赋也’。使其见于施为，如是而已。其于九合诸侯，一匡天下，固有所不逮也。然则曾西推尊子路如此，而羞比管仲者何哉？譬之御者，子路则范我驰驱而不获者也；管仲之功，诡遇而获禽耳。曾西，仲尼之徒也，故不道管仲之事。”

公孙丑下

一

齐人伐燕。或问曰：“劝齐伐燕，有诸？”曰：“未也。沈同问‘燕可伐与？’吾应之曰‘可’，彼然而伐之也。彼如曰‘孰可以伐之？’则将应之曰：‘为天吏，则可以伐之。’今有杀人者，或问之曰‘人可杀与？’则将应之曰：‘可。’彼如曰‘孰可以杀之？’则将应之曰：‘为士师，则可以杀之。’今以齐伐燕，何为劝之哉？”朱熹《集注》：“杨氏曰：‘燕固可伐矣，故孟子曰可，使齐王能诛其君，吊其民，何不可之有？乃杀其父兄，虏其子弟，而后燕人畔之。乃以是归咎孟子之言，则误矣。’”

二

夫出昼而王不予追也，予然后浩然有归志。予虽然，岂舍王哉？王由足用为善。王如用予，则岂徒齐民安，天下之民举安。王庶几改之，予日望之。朱熹《集注》：“杨氏曰：‘齐王天资朴实，如好勇、好货、好色、好世俗之乐，皆以直告而不隐于孟子，故足以为善。若乃其心不然而谬为大言以欺人，是人终不可与入尧舜之道矣，何善之能为？’”

滕文公下

陈代曰：“不见诸侯宜若小然章。御者且羞与射者比。比而得禽兽，虽若丘陵，弗为也。如枉道而从彼，何也？且子过矣，枉己者，未有直人者也。”朱熹《集注》：“杨氏曰：‘何其不自重也，枉己其能直人乎？古之人宁道之不行，而不轻其去就。是以孔、孟虽在春秋、战国之时，而进必以正，以至终不得行而死也。使不恤其去就而可以行道，孔、孟当先为之矣。孔、孟不欲道之行哉？’”

离娄上

“至诚而不动者，未之有也；不诚，未有能动者也。”朱熹《集注》：“杨氏曰：‘动便是验处，若获乎上、信乎友、悦于亲之类是也。’”

离娄下

一

“今也为臣，谏则不行，言则不听，膏泽不下于民；有故而去，则君搏执之，又极之于其所往；去之日，遂收其田里，此之谓寇仇。寇仇何服之有？”朱熹《集注》：“杨氏曰：君臣以义合者也。故孟子为齐王深言报施之道，使知为君者不可不以礼遇其臣耳。若君子之自处，则岂处其薄乎？孟子曰‘王庶几改之，予日望之’，君子之言盖如此。”

二

孟子曰：“仲尼不为已甚者。”朱熹《集注》：“杨氏曰：‘言圣人所为，本分之外，不加毫末。非孟子真知孔子，不能以是称之。’”

三

孟子曰：“君子之泽，五世而斩；小人之泽，五世而斩。”朱熹《集注》：“泽，犹言流风余韵也。父子相继为一世，三十年亦为一世。斩，绝也。大约君子、小人之泽，五氏而绝也。杨氏曰：‘四世而缌，服之穷也；五世袒免，杀同性也；六世，亲属竭矣。服穷，则遗泽寖微，故五世而斩。’”

四

“不欲有夫妻子母之属哉？为得罪于父，不得近。出妻屏子，终身不养焉。其设心以为不若是，是则罪之大者，是则章子已矣。”朱熹《集注》：

"此章之旨，于众所恶而必察焉，可以见圣贤至公至仁之心矣。杨氏曰：'章子之行，孟子非取之也，特哀其志而不与之绝耳。'"

万章上

一

万章曰："父母爱之，喜而不忘；父母恶之，劳而不怨。然则舜怨乎？"曰："长息问于公明高曰：'舜往于田，则吾既得闻命矣；号泣于旻天，于父母，则吾不知也。'公明高曰：'是非尔所知也。'夫公明高以孝子之心，为不若是恝，我竭力耕田，其为子职而已矣，父母之不我爱，于我何哉？"朱熹《集注》："杨氏曰：'非孟子深知舜之心，不能为此言。盖舜惟恐不顺于父母，未尝自以为孝也；若自以为孝，则非孝矣。'"

二

万章问曰："人有言：'至于禹而德衰，不传于贤而传于子。'有诸？"孟子曰："否，不然也。天与贤，则与贤；天与子，则与子。昔者舜荐禹于天，十有七年，舜崩。三年之丧毕，禹避舜之子于阳城。天下之民从之，若尧崩之后，不从尧之子而从舜也。禹荐益于天，七年，禹崩。三年之丧毕，益避禹之子于箕山之阴。朝觐讼狱者不之益而之启，曰'吾君之子也'；讴歌者不讴歌益而讴歌启，曰'吾君之子也'。"朱熹《集注》："杨氏曰：'此语孟子必有所受，然不可考矣。但云天与贤则与贤，天与子则与子，可以见尧、舜、禹之心，皆无一毫私意也。'"

万章下

孔子之去齐，接淅而行，去鲁，曰："迟迟吾行也。"去父母国之道也。可以速而速，可以久而久，可以处而处，可以仕而仕，孔子也。朱熹《集注》："杨氏曰：'孔子欲去之意久矣，不欲苟去，故迟迟其行也。膰肉不至，则得以微罪行矣，故不税冕而行，非速也。'"

告子下

一

徐行后长者谓之弟，疾行先长者谓之不弟。夫徐行者，岂人所不能哉？所不为也。尧、舜之道，孝弟而已矣。朱熹《集注》：“杨氏曰：‘尧、舜之道大矣，而所以为之，乃在夫行止疾徐之间，非有甚高难行之事也，百姓盖日用而不知耳。’”

二

孟子曰：“居下位，不以贤事不肖者，伯夷也；五就汤，五就桀，伊尹也；不恶污君，不辞小官者，柳下惠也。三子者不同道，其趋一也。一者何也？”曰：“仁也。君子亦仁而已矣，何必同？”朱熹《集注》：“杨氏曰：‘伊尹之就汤，以三聘之勤也。其就桀也，汤进之也。汤岂有伐桀之意哉？其进伊尹以事之也，欲其悔过迁善而已。伊尹既就汤，则以汤之心为心矣；及其终也，人归之，天命之，不得已而伐之耳。若汤初求伊尹，即有伐桀之心，而伊尹遂相之以伐桀，是以取天下为心也。以取天下为心，岂圣人之心哉？’”

尽心上

一

孟子曰：“霸者之民，驩虞如也；王者之民，皞皞如也。”朱熹《集注》：“杨氏曰：‘所以致人驩虞，必有违道干誉之事；若王者则如天，亦不令人喜，亦不令人怒。’”

二

孟子曰：“鸡鸣而起，孳孳为善者，舜之徒也；鸡鸣而起，孳孳为利者，跖之徒也。欲知舜与跖之分，无他，利与善之间也。”朱熹《集注》：“杨氏曰：‘舜、跖之相去远矣，而其分乃在利善之间而已，是岂可以不谨？

然讲之不熟，见之不明，未有不以利为义者，又学者所当深察也。或问鸡鸣而起，若未接物如何为善？’程子曰：‘只主于敬，便是为善。’”

三

孟子曰：“杨子取为我，拔一毛而利天下，不为也；墨子兼爱，摩顶放踵利天下，为之。子莫执中，执中为近之，执中无权，犹执一也。所恶执一者，为其贼道也，举一而废百也。”朱熹《集注》：“杨氏曰：‘禹、稷三过其门而不入，苟不当其可，则与墨子无异。颜子在陋巷，不改其乐，苟不当其可，则与杨氏（指杨朱，战国时期思想家）无异。子莫执为我兼爱之中而无权，乡邻有斗而不知闭户，同室有斗而不知救之，是亦犹执一耳，故孟子以为贼道。禹、稷、颜回，易地则皆然，以其有权也；不然，则是亦杨、墨而已矣。’”

四

孟子曰：“形色，天性也，惟圣人，然后可以践形。”朱熹《集注》：“杨氏曰：‘天生烝民，有物有则。物者，形色也；则者，性也。各尽其则，则可以践形矣。’”

五

孟子曰：“君子之于物也，爱之而弗仁；于民也，仁之而弗亲。亲亲而仁民，仁民而爱物。”朱熹《集注》：“物，谓禽兽草木；爱，谓取之有时，用之有节。程子曰：‘仁，推己及人，如老吾老以及人之老，于民则可，于物则不可。统而言之，则皆仁；分而言之，则有序。’杨氏曰：‘其分不同，故所施不能无差等，所谓理一而分殊也。’尹氏曰：‘何以有是差等？一本故也，无伪也。’”

尽心下

孟子曰：“说大人则藐之，勿视其巍巍然。堂高数仞，榱题数尺，我得志弗为也；食前方丈，侍妾数百人，我得志弗为也；般乐饮酒，驱骋田猎，后车千乘，我得志弗为也。在彼者，皆我所不为也；在我者，皆古之制也，吾何畏彼哉？”朱熹《集注》：“杨氏曰：‘孟子此章，以己之长，方人之短，犹有此等气象，在孔子则无此矣。’”

元代中期以后，朱熹的《四书集注》成为科举考试的标准试卷，因而，杨时的有关论述和思想也常常被考生所采用。

如八股文名篇、明代状元王鏊的《百姓足，君孰与不足》一篇，这篇论文出题答题的依据是朱熹《四书集注》中的《论语·颜渊第十二》：

哀公问于有若曰：“年饥，用不足如之何？”称有若者，君臣之辞。用，谓国用。公意盖欲加赋以足用也。有若对曰：“盍彻乎？”彻，通也，均也。周制：一夫受田百亩，而与同沟共井之人通力合作，计亩均收。大率民得其九，公取其一，则为什而取二矣。故有若请但专行彻法，欲公节用以厚民也。曰：“二，吾犹不足，如之何其彻也？”二，即所谓什二也。公以有若不喻其旨，故言此以示加赋之意。对曰：“百姓足，君孰与不足？百姓不足，君孰与足？”民富，则君不至独贫；民贫，则君不能独富。有若深言君民一体之意，以止公之厚敛，为人上者所宜深念也。杨氏曰：“仁政必自经界始。经界正，而后井地均，谷禄平，而军国之需皆量是以为出焉。故一彻而百度举矣，上下宁忧不足乎？以二犹不足而教之彻，疑若迂矣。然什一，天下之中正，多则桀，寡则貉，不可改也。后世不究其本而惟末之图，故征敛无艺，费出无经，而上下困矣。又恶知盍彻之当务而不为迂乎？”

杨时“杜门不仕者十年，久之，历知浏阳、余杭、萧山三县，皆有惠政”。（《宋史·杨时传》）他对基层情况和经济运行非常熟悉，因此在注解《四书》时，见识远高于其他学者。他认为行仁政，首先要丈量地界，然后明确权属，立定谷价税赋，军队、政府的开支均需按此量入为出，不多不少，如果征敛无度，只会使情况更糟。王鏊的论文以杨时“军国之需皆量是以为出”的论断为纲，详细地分析了百姓的财富如何构成国家财政的来源，提出了“百姓足，君孰与不足”的论点，回答了哀公问有若“年饥，用不足，如之何”的问题，不仅层层深入，论证有力，而且言简意赅，文采华丽。考官赞此文：“层次洗发，由浅入深，题义既毕，篇法亦完。此先辈真实本领，后人虽开阖照应，备极巧变，莫能继武也。”

2. 关于“理一分殊”

宋绍圣三年（1096），四十四岁的杨时怀疑张载的“西铭之书，发明圣人微意至深，然而言体而不及用，恐其流遂至于兼爱”，因而写了《寄伊川先生书》向程颐请教。程颐在复信中指出，《西铭》不是墨氏的“兼爱”说，而是让人明白“理一分殊”的道理。他说：“《西铭》之为书，推理以存义，扩前圣所未发，与孟子性善养气之论同功，二者亦前圣所未发，岂墨氏之比哉？《西铭》明‘理一而分殊’，墨氏则‘二本而无分’。老幼及人，理一也；爱无差等，本二也。分殊之蔽，私胜而失仁；无分之罪，兼爱而无义。分立而推理一，以止私胜之流，仁之方也；无别而迷兼爱，至于无父母之极，义之贼也。予比而同之，过矣。且谓‘言体而不及用’，彼则使人推而行之，本为用也，反谓不及，不亦异乎？”（程颐《伊川答论西铭》）程颐在信中首次把“理一而分殊”作为一个哲学范畴提了出来，强调了儒家伦理原则同具体道德规范的同一性，但并没有进一步展开论述。而杨时通过程颐的教诲，明白了《西铭》的宗旨，又通过不断的钻研，从本体论的角度，对“理一分殊”进行了进一步的发挥，并把它应用到社会生活中去。他说：“天下万物，理一分殊。知其‘理一’，所以为仁；知其‘分殊’，所以为义，权其分之轻重，无殊分之差，则精矣。”（杨时《答胡康侯》）他还说：“河南先生言‘理一分殊’……所谓‘分殊’犹孟子言‘亲亲而仁民，仁民而爱物’。其分不同，故所施不能无差等。”（杨时《京师所闻》）他又说：“理一而分殊，故圣人称物而平施之……何谓称物？亲疏远近各当其分。”（杨时《答伊川先生》）为此，他进一步强调“用”及“差等”。他说：“用未尝离体也。且以一身观之，四体百骸皆具，所谓体也。至于用处则履不可加之于首，冠不可纳之于足，则即体而言，分在其中矣。”（杨时《京师所闻》）杨时认为，天下万物，都是由一理之本所派生出来的，而这一理之本又规定了万物之所以是殊异的。知道万物本于一理，所以爱人，推己及人，知道万物各有差异，所以社会等级会有区别，立爱必须从“亲”开始，亲亲、仁民、爱物。权衡世界上万物分殊的轻重、等级的差别，既认识到它们本之于天理，又必须看到它们之间等级的差别，这样才算掌握了“理一分殊”的精髓。杨时把封建社会的等级差别看成是“理”的作用。唯有“理一而分殊”，圣人才能够“称物而平施之”，才能够使远近亲疏各当其分。既然“理”规定了一个地位不同、等级有别的社会秩序，那么，爱就有差等。人们应当各自安守本分，如果逾越了，那就如同“履不可加之于首，冠不可纳之于足”。

杨时不但阐述了“仁”与“义”是“理一分殊”的关系，而且提出了“分殊”不明，则“理一”不精的重要思想，强调了“分殊”的“用”及“差等”，从而论证了人伦以及亲疏尊卑的封建等级秩序的“合理性”。这种从体用关系出发对“理一分殊”说所做的创造性发挥，是对儒学从洛学到闽学传承的一个关键，为尔后的理学发展提供了新思维。后来，罗从彦把“理一分殊”的思想传授给李侗，李侗又把它传授给了朱熹。在杨时的启发下，朱熹进一步提出“理一用异”说。他说：“万物皆有此理，理皆同出一源，但所居之位不同，则其理之用不一。如为君须仁，为臣须敬，为子须孝，为父须慈。物物各具此理，而物物各异其用，然莫非一理之流行也。”（《朱子语类》卷十八）

朱熹对杨时“理一分殊”的阐述有很高的评价。宋乾道八年（1173），朱熹在《西铭解》中称：

论曰：天地之间，理一而已。然“乾道成男，坤首成女，二气交感，化生万物”，则其大小之分，亲疏之等，至于十百千万而不能齐也，不有圣贤者出，孰能合其异而反其同哉！《西铭》之作，意盖如此，程子以为“明理一而分殊”，可谓一言以蔽之矣。

盖以乾为父，以坤为母，有生之类，无物不然，所以理一也。而人物之生，血脉之属，各亲其亲，各子其子，则其分亦安得而不殊哉！一统而万殊，则虽天下一家、中国一人，而不流于兼爱之弊，万殊而一贯，则虽亲疏异情，贵贱异等，而不梏于为我之私。此《西铭》之大指也。

观其推亲亲之厚以大无我之公，用事亲之诚以明事天之道，盖无适而非所谓分殊而推理一也。夫岂专以民吾同胞、长长幼幼为理一，而必默识于言意之表，然后知其分之殊哉！

且所谓“称物平施”者，正谓称物之宜以平吾之施云尔，若无称物之义，则亦何以知夫所施之平哉！龟山第二书，盖欲发明此意，然言不尽而理有余也，故愚得因其说而遂言之如此，同志之士，幸相与折衷焉。

熹即为此解，后得伊氏书，云杨中立《答伊川先生论西铭书》有“释然无惑”之语，先生读之曰：“杨时也未释然。”乃知此论所疑第二书之说，先生盖亦未之许也。然《龟山语录》有曰：“《西铭》理一而分殊，知其理一，所以为仁；知其分殊，所以为义。所谓分殊，犹孟子言‘亲亲而仁民，仁民而爱物’，其分不同，故所施不能无差等耳。

或曰：‘如是则体用果离而为二矣。’曰：‘用未尝离体也。以人观之，四肢百骸具于一身者体也，至其用处，则首不可以加履，足不可以纳冠。盖即体而言，而分已在其中矣。’”此论分别异同，各有归趣，大非答书之比，岂其年高德盛而所见始益精与？因复表而出之，以明答书之说诚有未释然者，而龟山所见盖不终于此而已也。

文中叙述了杨时认识的不断提高，最后称其“年高德盛而所见始益精与”。

朱熹尤为重视“理一”在“分殊”或“用”中的差序之爱和个人对不同对象所承担的义务的差别。他说：“自天地言之，其中固自有分别；自万殊观之，其中亦自有分别。不可认是一理了，只滚做一看，这里各自有等级差别。且如人之一家，自有等级之别，所以乾则称父，坤则称母，不可弃了自家父母，却把乾坤做自家父母看。且如‘民吾同胞’，与自家兄弟同胞，又自别。”（《朱子语类》卷九十八）也就是说，一个人首先是爱自己的父母，然后再及他人和物，一个人对父母、兄弟、他人及万物所负有的义务也自有等级差别。朱熹对“理一分殊”思想的阐发，凸显了儒家差序之爱，以及个人对不同对象所承担的义务自有差别的“儒家性”品格。

杨时关于“理一分殊”的观点还远及海外。韩国李朝（1392—1910）时期，其学者李退溪以杨时、朱熹的理学研究为基础，创立了“退溪学”。退溪学是韩国朱子学的成熟形态，是韩国数百年的主流思想，它的形成是和杨时思想密切联系在一起的。李退溪读了明人胡广编的《性理大全》和南宋真德秀编的《心经》后，“始知性理之学体段自别”，“心法之精微”。（《增补退溪全书·言行通录》）

韩国李朝宣祖元年（1568）十二月，李退溪融合了中韩新儒家思想的精髓，构成自己思想的逻辑结构，向朝廷进献《圣学十图》，其

第二图《张子西铭》介绍张载的《西铭》。在对该图的解说中，李退溪便采用了杨时对《西铭》的解释："龟山杨氏曰：《西铭》理一而分殊，知其理一，所以为仁；知其分殊，所以为义。犹孟子言'亲亲而仁民，仁民而爱物'，其分不同，故施不能无差等耳。"他还对杨时和程颐之间关于"理一分殊"的通信进行了分析："杨龟山上伊川第一书，疑《西铭》系体而不及用，恐流弊遂至于兼爱。伊川答书，深言其理一分殊，仁义兼尽，非墨氏之比以晓之。龟山稍悟前非。于第二书引此语以明《西铭》推理存义之意。意虽不失，语有未尽。故朱子特举其说而解说之如此，以发明龟山未尽之意，则伊川指示龟山之微指始无余蕴矣。"（李退溪《西铭考证讲义》）李退溪认为，《西铭》和《西铭图》中之谓人与天地万物为一体，就是"理一分殊"的关系，即"一统而万殊，则虽天下一家，中国一人，而不流于兼爱之弊。万殊而一贯，则虽亲疏异情，贵贱异等，而不梏我之私，此《西铭》之大旨也。观其推亲亲之厚，以大无我之公；因事亲之诚，以明事天之道。盖无适而非所谓分立，而推理一也"。（《增补退溪全书·圣学十图》）

韩国学者李退溪像

2011 年 8 月 15 日，韩国大邱市李甲奎教授带了十八位师生到将乐考察杨时文化时说："我们是来寻韩国儒学文化之根的。"考察完后，他留下题词曰："韩国晚生，吾欲立雪。"

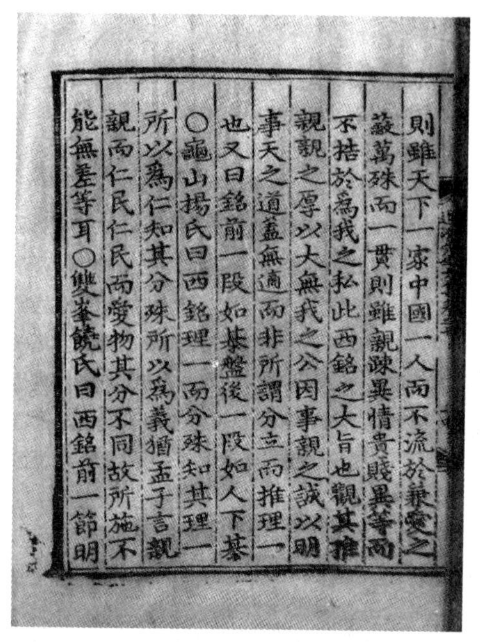
則雖天下一家中國一人而不流於兼愛之
蔽萬殊而一貫則雖親踈異情貴賤異等而
不梏於爲我之私此西銘之大旨也觀其推
親親之厚以大無我之公因事親之誠以明
事天之道蓋無適而非所謂分立而推理一
也又曰銘前一段如棊盤後一段如人下棊
○龜山楊氏曰西銘理一而分殊知其理一
所以爲仁知其分殊所以爲義猶孟子言親
親而仁民仁民而愛物其分不同故所施不
能無差等耳○雙峯饒氏曰西銘前一節明

《退溪集》书影

日本画家狩野常信（1636—1713）
所画的杨时肖像（东京博物馆藏）

韩国教授李甲奎一行到将乐考察杨时文化

3. 关于理气论

“关学”的代表张载曾提出“天地间一切皆一气之变，充塞宇宙的只是一气，形聚为物，形溃反原”。（张载《正蒙·太和篇》）二程对张载的《西铭》推崇备至，但对张载有关“气”的论说却不以为然，认为张载所说的作为万物之源的“气”，只不过是物质性的、形而下的“器”，而不是形而上的“理”。他们批评张载的“形聚为物，形溃反原”之说，认为“气”有生有灭，只是由“理”产生出来的一种暂时性的东西。在二程看来，“万物皆是一个天理”，它不仅是自然界的最高原则，也是社会的最高原则。杨时虽不赞成张载的主张，但却注重张载的“气”论，把“气”看成是永恒的不断变化的东西。认为天地人都是由一气变化而来的，气聚成形，气散物灭，宇宙间的自然现象都是“气”或聚或散的表现。“气”分为阴阳二气，“乾阳物，坤阴物”，乾坤也就是阴阳二气。“天地乾坤亦是异名同体，其本一物，变生则名立，在天成象，在地成形，亦此物也”，“阴阳之运，万物由之生成焉”。（《龟山集》卷七）“夫通天下一气耳，人受天地之中以生，其盈虚常流通天地”。（《龟山集》卷十二）同时，他又从二程那里拿过来“理主宰气”“理本气末”的观点，认为“气”终究还是居于“理”之下的第二位的东西，不过是“理”产生万物的一个环节而已。他说：“《西铭》只是发明一个事天的道理。所谓事天者，循天理而已。”“不循天理之正者，非圣贤之道也。”并认为“气”之上还有一个主宰者，它就是“理”。“理”主宰“气”，“气”之动静屈伸的变化，在于有“理”的操纵，因“天下只是一理”。有“理”，“气”才能产生万物。所谓事天，就是遵循天理。所以，他要人们顺“性命之理，去尽私欲”“唯天理之循”。（《龟山集》卷十三）

可以看出，杨时较多地吸收了张载的“气”的观点，来补充程颐的气一元论和程颢的理本说，建立起“理一气殊”的宇宙观，这是他思想体系中闪现的一丝唯物主义和辩证法思想的光辉，也为后来朱熹的理气论进行更加严密的论证奠定了理论基础。

朱熹进一步发挥了张载、二程、杨时的理本性论，第一个系统地探讨和解决理气关系问题并建立了理气论。朱熹的“理气论”的核心范畴是“理”，或者称为“太极”。“太极”包括了万事万物之理。他说：“总天地万物之理，便是太极。”（《朱子语类》）即太极生万物，每一个人和物体都具有完整的“理”作为存在的根据。天地万物“本乎一源”，都是出自太极。他还用禅家“月印山川”的例子来说明这个“理”，就像天上的月亮只有一个，却完整地映照在每条江河之上。就每一个事物来看，它们都是完整地禀受这个“理”（太极）作为自己的本性。“气”则是形成事物的形质之体的根源。形器实质的存亡生灭，都是气的聚散；而气之聚散的根据，则是“理”。他说：“天地间有理有气。理也者，形而上之道也，生物之本也。气也者，形而下之器也，生物之具也。是以人物之生，必禀此理然后有性，必禀此气然后有形。”（《答黄道夫》）也就是说，有理必有气，有气必有理，才能生成真切实际的天地和万事万物。理是抽象的，无影无形，看不见、摸不着的；气是具体的，有形体的，可以看得见，感觉得到的。理为形上之道，是生物之本原；气为形下之器，是生物之资具。人和万物的产生，必然要禀受气然后形成它的外在形体。在现实世界中理、气不能分离，不分先后。他说：“天下未有无理之气，亦未有无气之理。”但从本原或者是逻辑上来说，应是“理先气后”，即理先于气而存在。他说：“理与气本无先后之可言。但推上去时，却如理在先，气在后相似。”他还说：“要之，也先有理，只不可说是今日有此理，明日却有是气，也须有先后。且如万一山河大地都陷了，毕竟理却只在这里。”（此上皆出自《朱子语类》）也就是说，理气先后是指逻辑上的先后，而不是指时间上的先后。朱子是从天地之理的恒常性来说明“先有理后有气”这一哲学命题的。同时，他又说：“以本体言之，则有是理然后有是气。”（《孟子或问》）对朱子来说，“以本体言之”，理是本，是体，是事物存在或发生的根据，理决定气。这是从本体、本原的角度来推论说明理气的先后问题的。为此，他提出：“未有这事，先有这理，如未有君臣，已先有君臣之理；未有父子，已先有父子之理。不成元无此理，直待有君臣父子，却旋将道理入在里面？”（《朱子语类》）这样，就给儒家的人伦道德提供了宇宙本体论的论说依据。

由此可见，朱熹的理气说，是对二程“万物皆是一个天理”和杨时的“理一气殊”“唯天理之循”的继承和发展，并使其贯通了宇宙自然和社会伦理之间的关系，使其更具思辨性和理论深度。

4. 关于“格物致知”

“格物致知”是中国古代儒家思想中的一个重要概念，是儒家专门研究事物道理的一个理论，出自《大学》：“致知在格物，物格而后知至。”意思是要获得智慧（或从中感悟到某种心得），在于探究事物的原理；事物的原理探究清楚了，智慧（或某种心得）就能获得了。但是《大学》文中虽提到了“格物致知”，却没有做任何解释。

二程对“格物致知”都非常注重，但是两人讲的意义有所不同。程颢讲格物致知，侧重以心内求。他说：“致知在格物，物来则知起，物各付物，不役其知，则意诚不动。意诚自定则心正，始学之事也。”他还说：“理在人心，反身而诚，则理自明。”（《二程粹言》卷一）这是他对格物的内向化界定，穷尽物中的天理，只在以心照万物，以情顺万物，以一颗安宁的自定之心，随物去来，随物而喜怒，便会获得道德修身的知识。因而他主张通过内省体验便可“致知”，不太重视向外求知。而程颐则认为“理在事物也在人心”，主张先求知事物之理，从而进一步贯通自己内心之理，要求通过多种途径遍格众物，达到“极尽物理”。他说：“人之学莫大于知本末终始。致知格物，所谓本也，始也。治天下国家，必本诸身。其身不正，而能治天下国家者，无之。格犹穷也，物犹理也。若曰穷其理云尔。穷理然后足以致知，不穷则不能致也。”（《二程粹言》）也就是说，格物致知在于获得天理，穷理过程可以修炼优秀人才。天理指示了治国平天下的目标和道路，而治国平天下则是格物致知的结果和终点，是天理的实现和完成形态。为了实现治国平天下的社会目标和人生抱负，必须从格物致知开始，才能修身以正，担当治国平天下的大任。他还强调必须运用多端途径以穷理。他说：“穷理亦多端：或读书讲明义理；或论古今人物，别其是非；或应接事物而处其当，皆穷理也。”（《二程粹言》）因此，他认为格物致知，既要外求万物诸理，又要内求性情诸身，使外求与内求相结合，自然与人事相结合。天理在心内，万物皆备于我；理也存心外，应凡事物上穷其理。这就与其兄程颢主张通过内省体验便可“致知”有明显的不同。

杨时继承了二程的思想，并把他们中一些矛盾的方面加以调和，把外求的格物功夫与内省的明心涵养相结合，提出了自己的“格物致知”说。

杨时尤其注重“格物”。他认为：“致知必先格物，物格而后知至，知至斯知止矣，此其序也。”他还说：“为是道者，必先乎明善，然后知所以为善也。明善在致知，致知在格物。”（《龟山集》卷二十一）也就是说，要获得智慧，必须先探究事物的原理。事物的原理探究清楚了，智慧或心得才能获得。获得了智慧或心得后，才会知道哪些事该做，哪些事不该做，这便是格物致知的顺序。要想实现圣道，就必须先明白什么是善，然后知道以什么来实现这个善。明白什么是善，是因为获得了智慧，而智慧的获得，是因为把善的原理考究清楚了。总之，通过格物达到致知，是明善的重要途径。

杨时认为格物致知当“极尽物理”。他说：“盖言致知，当极尽物理也。理有不尽，则天下之物足以乱吾知。”也就是说，致知的目的在于“穷理”，如果事物之理没有穷究，那么天下之物就可能打乱我们的认识。为此，他提出：“学者以致知格物为先，知未至，虽欲择善而固执之，未必当于道也。鼎镬陷阱之不可蹈，人皆知之，而世人亦无敢蹈之者，知之审也。致身下流，天下之恶归之，与蹈鼎镬陷阱何异？而或陷之而不避者，未真知也。若真知为不善，如蹈鼎镬陷阱，则谁为不善耶！”（《龟山集》卷二十）他还说：“凡形色之具于吾身者，无非物也，而各有则焉。目之于色，耳之于声，口鼻之于臭味，接乎外而不得循焉者，其必有以也。知其体物而不可遗，则天下之理得矣。天下之理得，则物与吾一也。”（《龟山集》卷二十六）也就是说，学者以致知格物为先，应通过主体接触客体，以获得关于事物的道理或规律的认识。格物在于知天下之物，得天下之理。为此，他要求学者不仅要认识鸟兽草木的名称，还要重视研读儒家经典，深刻地推敲并努力地探求万物之理，并求之于孔孟之言，学习和效法古代圣贤，以他们的言行和品德作为自己行动的准则。他说：“夫学道者，舍先圣之书，何求哉？”（《龟山集》卷二十）“六经之微言，天下之至赜存焉。古人多识鸟兽草木之名，岂徒识其名哉？深探而力求之，皆格物之道也。夫学者必以孔孟为师，学而不求诸孔孟之言，则末矣。《易》曰：‘君子多识前言往行，以畜其德。’孟子曰：‘博学而详说之，将以反说约也。’”（《龟山集》卷二十一）这明显是遵循了程颐“遍格众物”而达到“穷理”的思想。这种思想和人类的认识过程是相吻合的。

此外，杨时又接受了程颢“万物一体”的思想，提出了“反身而诚，则举天下之物在我矣”的方法。（《龟山集》卷二十六）他说：“明善在致知，致知在格物。号物之多至于万，则物将有不可胜穷者。反身而诚，则举天下之物在我矣。《诗》曰：‘天生烝民，有物有则。’凡形色具于吾身者，无非物也，而各有则焉。反而求之，则天下之理得矣。由是而通天下之志，类万物之情，参天地之化，其则不远矣！”（《龟山集》卷十八）在杨时看来，要认识天下一切事物的理，就必须从我出发，反身而求，认识了“天理”赋予我的“理”，也就认识了天下一切事物的理，这样就可以“通天下之志，类万物之情，参天地之化”了。可见杨时格物的目的主要不是明物之理，而是明心之理。因此，他特别要求亲身体验，讲求“默而识之”。他指出：“夫至道之归，固非笔舌能尽也。要以身体之，心验之，雍容自尽于燕闲静一之中，默而识之，兼忘于书言意象之表，则庶乎其至矣。”（《龟山集》卷二十一）

对于杨时讲格物在于“反身而诚”，朱熹给予了充分肯定。他说：“龟山说‘反身而诚’，却大段好。须是反身，乃见得道理分明。如孝如弟，须见得孝弟，我无有在这里。若能反身，争多少事。”（《朱子语类》）。朱熹认为，像“孝、弟”这样的道德、属性在人身上确实可以发现，所以反身是很重要的。同时，朱熹对杨时“反身而诚，则举天下之物在我矣”所产生的歧义，也进行了客观分析，认为这“太快”，并且明确指出：“若果如此，则圣贤都易做了。”（《朱子语类》）他还说：“反身而诚，乃为物格知至以后之事，言其穷理之至，无所不尽，故凡天下之理，反求诸身，皆有以见，其如目视、耳听、手持、足行之毕具于此，而无毫发之不实耳。固非以是方为格物之事，亦不谓但务反求诸身，而天下之理，自然无不诚也。”在朱熹看来，“格物”与“反身而诚”有一个先后次序问题，即先要有格物功夫，才可言“反身而诚”。他说：“杨氏反身之说为未安耳，盖反身而诚者，物格知至，而反之于身，则所明之善无不实有。如前所谓‘如恶恶臭，如好好色’者，而其所行自无内外、隐显之殊耳。若知有未至，则反之而不诚者多矣。安得直谓但能反求诸身则不待求之于外，而万物之理皆备于我而无不诚哉？况格物之功，正在即事即物而各求其理，今乃反欲离去事物而专务求之于身，尤非《大学》之本意矣。”（《四书或问》）

杨时的“反身而诚”是作为“格物”过程中为了格尽天下万物而提出来的，并没有进一步讨论“格物”与“反身而诚”的先后次序关系，确实有不严密的地方，因而让朱熹感到“未安”。但无论如何，朱熹是通过吸取杨时格物致知的思想，并对其中所包含的歧义予以辨析，进一步确立格物的首要性，才提出了自己更为完整和精致的格物致知说法。

5. 关于“已发未发”

在修养方法上，程颢重视仁者与万事万物同体的内向体验，认为人心自有“明觉”“自家元是天然完全自足之物”，具有良知良能，故自己可以凭直觉体会真理。主张“仁者以天地万物为一体”“仁者浑然与万物同体”的“体悟省察”论；而程颐则强调道德修养要发自内心，充满敬意，要与进学掌握知识结合起来。他说：“涵养须用敬，进学则在致知”“六经之言在涵畜中默识心通”。（《二程粹言》）主张“涵养用敬”说，强调在人的情感未发之时就要涵养，涵养工夫深厚，到已发之际，人喜怒哀乐的情感之发动就会符合道德准则。

杨时一方面接受了程颐的涵养用敬说，另一方面又接受了程颢的“体悟省察”论，总的倾向是接受程颢的思想。杨时的修养方法重在静坐，主张“于静中观喜怒哀乐未发之中是何气象”以认识理，即“静坐体认”说。

“静坐体认”说以《中庸》为依据。《中庸》说：“喜怒哀乐未发谓之中，发而皆中节谓之和。中也者，天下之大本也；和也者，天下之达道也。”杨时据此认为：“道心之微，而验之于喜怒哀乐未发之际，则其义自见，非言论所及也。”“学者当于喜怒哀乐未发之际以心体之，则中之义自见，执而勿失，无人欲之私焉，发必中节焉。”（《宋元学案》卷二十五）也就是要学者努力超越一切意识活动，平静思维和情绪，体验没有思维和情感活动的内心状态，在这种内向的直觉体验中，体验到“中”，保持它而不使丧失，就能达到完满的境界。

杨时把《中庸》未发的伦理哲学转向具体的修养实践的“体验未发”，把认识方法和道德修养相结合，创造了一种既是“讲学之方”又是“养心之要”的“默坐澄心”“于静中体认大本”的独特修养方法，并一直为其门人和后学所信守，被朱熹称为“龟山门下相传指诀”。

据《宋元学案·豫章学案》载：罗从彦初从龟山时，龟山以“饥渴害心令其思索，先生从此悟入，故于世嗜好泊如也”。杨时曾教导罗从彦说：“某尝有数句教学者读书之法云：以身体之，以心验之，从容默会于幽闲静一之中，超然自得于求言意象之表。”（《龟山集》语录）要求体验未发之“中”，并强调“于喜怒哀乐未发之际，以心体之，则中之义自见”。（《龟山集》卷四）

罗从彦深得龟山指诀，并明确主张“体验于未发之前”，强调心性修养要从喜怒哀乐未发、思虑未萌的本然状态开始下功夫，体认大本未发时气象分明，处事就会自然合理、中节，并以此教李侗。《八闽通志》载：“侗年二十四，闻罗从彦得河洛之学，以书谒之而请学焉。从之累年，授《中庸》《语》《孟》之说。从彦好静坐，侗亦静坐。从彦令静中看喜怒哀乐未发前气象而求所谓中者。久之，而于天下之理该摄洞贯以次融释，各有条序，从彦极称许焉。”

李侗深得罗从彦未发之旨，主张于未发处存养，并以此作为向朱熹传授的一个重要内容。朱熹曾说过：“李先生教人，大抵令于静中体认大本未发时气象分明，即处事应物自然中节，此乃龟山门下相传指诀。”（《朱文公文集》卷四十）又说：“中和二字，该道体用，以人言之，则未发已发之谓，旧闻李先生论此最详。”（《李延平集》卷三）他还说：“余蚤从延平李先生者，受《中庸》之书，求喜怒哀乐未发之旨，未达而先生没。”（《朱文公文集》卷七十五）可以看出，朱熹早期是受了李侗“未发”教学的影响，并以为入道指诀，后来见道分明，始以为不然，从而走上“格物穷理”的“已发”之路。但他对《中庸》所说的未发之旨是深信不疑的，也对自己并没有“尽心于此”而发出了“未达”之叹。他一方面指出杨时“所谓‘未发之际能体所谓中，已发之际能得所谓和’此语为近之，然未免有病”，（《朱文公文集》卷四十三）另一方面又说，然亦不可将其搁置一边，不加理会，并说：“李先生意，只是要得学者静中有个主宰存养处。”（《李延平集》卷三）认为理学的修养就是要已发未发兼顾交修，肯定杨时、罗从彦、李侗的已发未发说具有合理的因素。事实上，如果没有杨时、罗从彦、李侗对已发未发的阐述，就不可能有朱熹对这一问题的苦心孤诣的求索，更不可能有所谓的丙戌、己丑两次的中和之悟。杨时的已发未发说，虽然最终未能为朱熹考亭学派所完全接受，但其对闽学的影响和启迪却是十分深刻的，它为闽学中和说的形成提供了重要的思想资料来源。而后来的陆九渊、吴澄、陈白沙等仍深受杨时这一观点的影响，尤其是陈白沙“静中养出端倪”的工夫，更是杨时“于静中体认大本”的翻版。

（二）朱熹曾帮助收集资料和编订《龟山集》，并劝杨安止将龟山《奏议》编入《龟山集》

宋绍兴三十二年（1162），杨时的二传弟子吕本中、张九成、喻樗的学生汪应辰以左朝散大夫、集英殿修撰、权户部侍郎调任福建安抚使兼知福州府。在任期间，着手整理、编印《龟山集》，得到了朱熹的大力支持与帮助。

汪应辰（1118—1176），初名洋，字圣锡，信州玉山人。五岁知读书属对，十岁能诗。未冠，首贡乡举。试礼部居高选，宰相赵鼎奇之。绍兴五年（1135），举进士第一，年甫十八，授镇东军佥判，后召为秘书省正字。时秦桧主和议，应辰上疏力言因循无备、上下相蒙之可畏，忤桧意，出通判建州。桧死，始还朝，累官吏部尚书。应辰为人刚方正直，敢言不避，中贵多侧目。以端明殿学士出知平江府，连贬秩，遂致仕不起。少从吕居仁（本中）、胡安国游。精于义理，好贤乐善，学者称玉山先生。卒，谥文定。有文集五十卷传世。

汪应辰调任福建时路经建安，读朱熹诗文，叹为远器，与朱熹相见，即与陈康伯、陈俊卿、凌景夏向朝廷举荐朱熹。此后，还多次邀请朱熹到福州交谈和战问题及编刻《龟山集》等事宜。

隆兴元年（1163）四月，朱熹将收集到的罗从彦所记《龟山语录》寄给汪应辰。汪应辰复信说："罗丈《语录》得之，甚幸。尚有可疑者，谨具别纸。他日《龟山集》刻板，并以诸家语录附之，不必送延平也。"（《文定集》卷十五《与朱元晦书》）

六月九日，朱熹复信说：

蒙垂谕《语录》中可疑处，仰见高明择理之精，不胜叹服。如韩、富未尝同朝，王、韩拜相先后，如所考证，盖无疑矣。龟山之语，或是未尝深考，而所传闻不能无误。窃谓止以所考岁月注其下，以示传疑，如何？

《书解》三段，不类记录答问之言，按行状自有《书解》，恐即《解》中说也。共、兜事，《三经义辨》中亦云，若据经所记，即驩兜之罪正坐此，《尧典》所记皆为后事起本，反复详考，即自见矣。"典刑"

两句绝类王氏，殊不可晓。细推其端，即“道不可以在”之一语自《庄子》中来，所以尤觉不粹。以此知异学决不可与圣学同年而语也明矣。

龟山答胡迪功问中一段，《老子》五千言以自然为宗，谓之不作可也，熹亦疑此语。如《论语》老彭之说，只以《曾子问》中言礼数段证之，即“述而不作，信而好古”皆可见。盖老聃，周之史官，掌国之典籍、三皇五帝之书，故能述古事而信好之。如五千言，亦或古有是语而老子传之，未可知也。盖《列子》所引皇帝书，即《老子》“谷神不死”章也，岂所谓三皇五帝之书？即龟山之意，却似习于见闻，不以庄老为非者，深所未喻也。……姑以《语录》《论语解》之属详考，即可知矣。如《语解》中论子路有闻一章，可见其用力处也。龟山却是天质粹美，得之平易，观其立言亦可见。……龟山又于《语解》“屡空”处云，“大而化之，则形色、天性无二致也，无物不空矣”，亦此意。然恐此类皆是借彼以明此，非实以为此之理即彼之说也。……区区下情，不胜至望。（《朱文公文集》卷三十《答汪尚书书》）

隆兴二年（1164）二月，朱熹又南下福州，主要是请汪应辰为已故先生李侗作墓志铭和帮助汪应辰编订《龟山集》。汪应辰在给吕大虬信中提到：“某承乏如故……朱元晦到此，一月而归。其学问精进，所养益厚，所谓日新而未见其止也。”（《文定集》卷十五《与吕叔潜书》）其后四月上旬，汪应辰致信朱熹说：“见许下顾，朝夕以冀，下旬即遣人往也。温公答明道帖，论横渠谥事，欲附见于《龟山集》中，切望录示。”（《文定集》卷十五《与朱元晦书》）是年下旬，朱熹再到福州讨论时事，并对《龟山集》的编订做出谋划。后来朱熹在《答尤尚书》中也谈到此刻本：“示喻程门诸人行事附见，甚善。龟山靖康间论事颇多，今《长编》中全不载，盖缘汪丈当时编集之际，杨家子弟以避祸为说，恳请删去，故雍传即不见其章疏。后来延平重刊《龟山集》，方始收入。他时或作杨传，不可不细考也。”（《朱文公文集续集》卷五）朱熹在《答李季章书》中也说：“顷见靖康间事，杨龟山多有章疏，不曾编见，不知后来曾补否？盖汪丈所刻本不曾载，福州、成都二本皆然。其奏议后来南剑一本却有之，恐亦不可不补也。”（《朱文公文集》卷三十八）廖德明还记载朱熹讲到一个细节：“邹道乡奏议不见于世。德久尝刊行家集，龟山以公所弹击之人犹在要路，故今集中无奏议。后来汪圣锡在三山刊《龟山集》，求奏议于其家，安止移书令勿刊，可惜！不知龟山犹以出处一事为疑，故奏议不可不行于世。安止判院闻之，刊于延平。”（《朱子语类》）

朱熹所谈到的这一细节发生在绍兴三年（1133），其时侍郎邹浩（道乡）已逝世二十余年，其子邹柄集父亲之奏议一编，请杨时为序，对“奸佞之徒”迫害其父的罪行予以揭露和批判，杨时于是写了《邹公侍郎奏议序》。因施害者尚在当路，为防止他们“见之，遂为世仇”，对邹浩之子孙进行迫害，杨时于是又写了《与邹德久》书，建议“若镂板，可节去弹击之章，未须传也”，故“邹道乡奏议不见于世”。后来汪应辰在福州刊印《龟山集》时，向杨家索求龟山靖康间之奏议，“杨家子弟以避祸为说”“移书令勿刊”，“故雍传即不见其章疏”。朱熹认为非常“可惜”。因为当时有人误解杨时晚年出山是由于蔡京推荐的缘故，而这些奏议正体现了杨时爱国爱民、正色立朝的精神。朱熹认为：“龟山之出，人多议之，惟文定之言‘当时若能听用，须救得一半’，语最当。”于是执意要杨安止将龟山奏议编入《龟山集》。

据《宋元学案》卷二十五载：“初，汪圣锡在三山刊《文靖集》，安止令姑弗入《奏议》于其中，盖以当时尚多嫌讳，亦文靖所定《道乡先生集》中之例也。朱子谓文靖晚年出山一节，世多疑之，奏议尤不可不行于世。安止闻之，遽梓于延平。”这一意见被采纳，不仅体现了杨安止与朱熹关系之密切和对其的尊重，而且显示了朱熹强烈的正义感与远见卓识。

《龟山集》刊印后，朱熹遍寄朋友。张栻获得后曰："数日来看《龟山集》，乃知前辈所造如龟山辈，未易轻议也。"（张栻《南轩集》卷十九《答吴晦叔书》）大约在淳熙十二年，刘炳刊行《龟山别录》，朱熹还作跋语寄去嘱附录之。(《朱文公文集续集》卷四《答刘韬仲书》)这些都说明朱熹不仅大力支持帮助编刊《龟山集》，而且努力维护和宣传杨时的正面形象。

邹公侍郎奏议序

〔宋〕杨时

道乡邹公，自少以道学行义，知名于时。其为人也，和顺积中，而英华发外。望之，睟然见于颜面，不问知其为仁人君子也。其遇事接物，犹虚舟然，而坚挺之姿，如精金良玉，不可磨磷。

元符中，用侍臣之荐，擢居谏垣，从人望也。是时，哲宗皇帝厉精求治，用贤如不及，一见即以公辅期之。嘉言入告，无不从者。适中宫虚位之久，大臣欲自结于嬖昵之私，为保位之谋，迎意媚合，不以正。公力言之。以为公议不允，忤上旨。奸谀之徒，恶其害己，相与协力，挤之于陷阱之中又下石焉，皆是也。公之章留中不下，乃伪为之，加以诋诬不实之语，如取他人之子以杀其母之类。流布中外，欲天下闻之，真若有罪者，其为谋深矣。虽有端人正士，无敢为公辩明者。

公既殁，迨今二十余年。昔之奸朋，凋丧略尽，而正论行焉，真伪是非，始有在矣。绍兴三年，其子柄集公之奏议一编，属余为叙。余于公，非一朝燕游之好也，知公为尤详。其事之本末，皆余所亲闻见者，故详著之，以昭示来世，庶乎使小人知君子之为善，终不可诬也。

公之将亡，余适还自京师。闻公疾革，未及弛担，即驰往省之，见其薾然仅存馀息，然语不及私，犹以国事为问。盖其平生，以天下之重为己任，至垂绝而不忘也。每追念及之，怆然不能释。呜呼！世道凋丧久矣，不复有斯人也！

邹侍郎，即邹浩，晋陵人，字志完。元丰进士。哲宗朝为右正言，累上书言事。章淳独相用事，浩露章数其不忠，因削官，羁管新州。徽宗立，复为右正言，累迁兵部侍郎，两谪岭表，复直龙图阁。卒谥忠。有《道乡集》。学者称“道乡先生”。

与邹德久

〔宋〕杨时

先公《奏议序》纳去，鄙拙不足以发扬盛德，负愧多矣。

闻令弟欲令福唐镂板，传之久远，甚善。然其间有弹击权要，今子孙恐有当路者见之，遂为世仇，不可不虑也。如欧公有从谏，正谓此耳。若镂板，可节去弹击之章，未须传也。

公更思之！

邹德久，即邹柄，邹浩之子。弱冠弃科举，从杨时游。靖康初权给事中，出守天台，行其所学，颇多善政。有文集及《伊川语录》传世。

在《朱子语类》中还有一段顺昌廖德明记录的关于朱熹讲论杨安止劝秦桧去相位反遭坐论去国的事：

问：“富直柔握手不语，不审何说？”曰：“往往只是说富公后来去朝廷使河北，被人谗间等事。秦老闻之，忽入去，久之不出，富怪之。后出云：‘元来做宰相是不可去！’秦既再入，遂谮魏公于赵公。又因唐晖等二事倾去赵相，一向自做，更不肯去。胡和仲尝劝秦云：‘相公当国日久，中外小康，宜请老以顺盈虚消息之理。’秦曰：‘此事不然，我当时做这事，尚拖泥带水，不曾了得。’问：‘何事未了？’曰：‘是未取得他中原。’曰：‘若取中原，必须用兵，相公是主和议者。’曰：‘我从来固不主用兵，然虏自衰乱，不待用兵，自可取。’后来杨安止亦有札子劝秦相去位，秦相大率如对和仲者。于是不乐，安止遂坐此去国，不然，安止亦顺做从官。”

廖德明，字子晦，顺昌人。少学释氏，及得杨时书，读之大悟，遂受业朱熹之门。乾道五年进士，累官吏部左选郎官。著有《文公语录》《春秋会要》《槎溪集》。富直柔是富弼之孙，秦老是秦桧，魏公是张浚，赵公是赵鼎，胡和仲，即胡安国次子胡宁。因劝权相秦桧去位，出为夔州路安抚司参议官，除知澧州，不赴，奉祠卒。杨安止，杨时后裔，生平不详，但南宋著名词人韩元吉有《送杨安止罢信幕赴调》云：

后生仰前辈，今世思古人。
岂得岁月久，所怀风俗淳。
昔我家闽中，龟山实其邻。
出门尚群盗，欲往志不伸。
相从朋旧间，得语尽可珍。
俯仰今几保，遗编半埃尘。
白头入幕府，始与夫子亲。
夫子龟山裔，麐麃见祥麟。
晚同柱后史，无心问平津。
典型在眉睫，温然异群伦。
向来簿领中，挟书听谆谆。
岂不开我塞，异闻此其真。
亦或举樽酒，笔谈忘贱贫。
同僚各分散，世事日以新。

遥怜郑公乡，俎豆犹莘莘。
弹冠定不苟，家庭有书绅。
道学固未泯，吾谋复谁陈。
尚想金马门，西湖醉余春。

从诗中可以看出，韩元吉曾家闽中，与杨时为邻。后与杨安止同入幕府，始相友善；二是杨安止是“龟山裔”，且与作者志同道合，兴趣相投，关系非比寻常；三是杨安止德才兼备，“典型在眉睫，温然异群伦”；四是杨安止为权臣所忌，被罢信幕赴调。

韩元吉（1118—1187），字无咎，绍兴间历南剑州主簿，建安令，迁守建州，大兴学校，累官吏部尚书，龙图阁学士，封颍川郡公，归老于上饶。元吉师事尹焞，所辑《河南师说》，以焞为首。韩元吉是吕祖谦的岳父，与朱熹、杨安止、陆游、辛弃疾、陈亮等爱国志士相友善。著有《桐荫旧话》《南涧甲乙稿》《焦尾集》等。

杨时的女婿陈渊在《与胡康侯侍读》的信中说到：“渊蒙喻编次龟山著述，文字不可有遗，此固在下怀。但寇盗以来不免散失，已嘱昭祖、安止搜求，十得六七矣。俟成集，当录呈左右。《论语义》比壬子年所见本又改动前十篇，及《三经义辨》皆有手稿，又有《易义》三十余卦，并《日录辨》数十段，文义灿然，久已无复增损，所可恨者，未成全书耳。至如《中庸解》，及所为诗用邹德久写者，与晚年删正杂文净稿，读之，皆无笔误去处，此已可传无疑。惟明道、伊川语录，意欲修之未暇，亦以不肖有室家之祸，归葬沙县，久不得往侍先生之侧，遂无人催趣成就，此重可痛也。《三经义辨》已校对定，增入正经全文及王氏义，成十卷。（陈渊《墨堂集》卷十七）胡康侯，即胡安国。昭祖，即杨遹（1096—1165），龟山三子。由进士任军器监丞，迁尚书工部员外郎。妣建安游定夫（酢）次女。由此可见，杨安止确实是杨时后裔。

此外，清黄宗羲《宋元学案》中“龟山学案・判院杨先生安止”条目载：杨安止，文靖子，官判院，其罢信幕赴调，韩南涧送之诗曰：“白头入幕府，始与夫子亲。夫子龟山裔，麢麃见祥麟。”谢山跋《宋史・杨文靖传》后云：“杨文靖公之子安止，本传言其力学通经，亦尝师事程子，然于其出处大节则不书，不知其何意也。”朱子言，胡和仲尝劝秦丞相以“相公当国日久，中外小康，宜请老以顺消息盈虚之理”。秦曰：“我尚未取中原。”和仲曰：“若取中原，必须用兵，相公是主和议者。”曰：“敌自衰乱，不待用兵可取也。”其后安止遂有札子劝秦相去位，秦大率如对和仲者，于是不乐，安止遂坐此去国。不然，安止亦须为从官。然则安止真不愧为文靖子矣。初，汪圣锡在三山刊《文靖集》，安止令姑弗入奏议于其中，盖以当时尚多嫌讳，亦文靖所定《道乡先生集》中之例也。朱子谓文靖晚年出山一节，世多疑之，奏议尤不可不行于世。安止闻之，遽梓之于延平。盖程门四先生：定夫后人曾为秦丞相所挽，而其人不甚发扬，致使其从昆弟窃取定夫所解《论语》以献于秦。上蔡三子，一死楚，一死闽，只克念者，绍兴中汉上奏官之，而遽卒。与叔则无闻焉。其有声者，唯杨氏耳。安止官终判院，而水心谓文靖卒于绍兴丙辰，七十年来无仕者，又不可解也。（梓材案：史传所载文靖子力学通经，尝师程子者，名迪，太学遵道也，卒于崇宁三年。安止与秦丞相同时，已在崇宁以后，盖别一人，谢山以误合为一。胡文定撰龟山墓志云：“子五人，迪早卒，迥、遹、适、造已仕。”未知谁为安止也。）

（三）朱熹编辑《伊洛渊源录》专章介绍杨时

宋乾道八年（1172），朱熹为了反映自周敦颐、程颢、程颐以来理学流变的情况，采取分类编辑的手法，编写了《伊洛渊源录》。全书共十四卷，其中卷一、卷二、卷三、卷四、卷五分别刊载了濂溪先生（周敦颐）、明道先生（程颢）、伊川先生（程颐）、康节先生（邵雍）四位学者的资料；卷十则以大量的篇幅专门介绍了杨文靖公（杨时）的资料。包括：胡安国撰写的《墓志铭》一篇，胡安国答胡宏《龟山志铭辨》一篇，胡安国给陈渊的《答陈几叟书》一篇，吕本中所撰写的《行状略》一篇，朱熹辑的杨时遗事九条。这些资料，为人们了解龟山先生的生平和为学、为人、为官的情况提供了有益的借鉴。

遗事九条

〔宋〕朱熹

一

明道在颍昌时，先生（杨时）寻医调官京师，因往颍昌从学。明道甚喜，每言曰："杨君最会得容易。"及归，送之出门，谓坐客曰："吾道南矣！"先是建州林志宁出文潞公门下求教，文潞公云：此中无以相益，有二程先生者可往从之。因使人送明道处。志宁乃语定夫及先生。先生谓"不可不一见也"，于是同行。时谢显道亦在。谢为人诚实，但聪悟不及先生。故明道每言杨君聪明，谢君如水投石，然亦未尝不称其善。伊川自涪归，见学者凋落，多从佛学，独先生与谢丈不变，因叹曰："学者皆流于异端矣，惟有谢、杨二君长进。"（见《龟山语录》）

二

杨时于新学极精。今日一有所问，即能知其短而持之。介甫之学大抵支离，伯淳尝与杨时读了数篇，其后尽能推类以通之。（见《程氏遗书》）

三

伊川答杨中立《论西铭》，中立书尾云："判然无疑。"伊川曰："杨

时也未判然。”（见祁宽所记和靖语）

四

旧在二先生之门者，伯淳最爱中立，正叔最爱定夫。观二人气象，亦相似。（见《上蔡语录》）

五

先生（杨时）曰：“官司设法卖酒，所在张乐集妓女以来小民。此最为害教，而必为之辞曰‘与民同乐’，岂不诬哉？夫引诱无知之民以渔其财，是在百姓为之，理亦当禁；而官吏为之，上下不以为怪，不知为政之过也。且民之有财，亦须上之人与之爱惜，不与之爱惜而巧求暗取之，虽无鞭笞以强民，其所为有甚于鞭笞矣。”

余在潭州浏阳，方官散青苗时，凡酒肆、茶店与夫俳优、戏剧之罔民财者，悉有以禁之。散钱已，然后令如故。官卖酒，旧常至是时，亦必以妓乐随处张设，颇得民利。或以请，不许。往往民间得钱，遂用之有力。

又言常平法：州县寺舍岁用有余，则以归官，赈民之穷饿者。余为浏阳日，方为立法，使行旅之疾

《伊洛渊源录》四库本封面

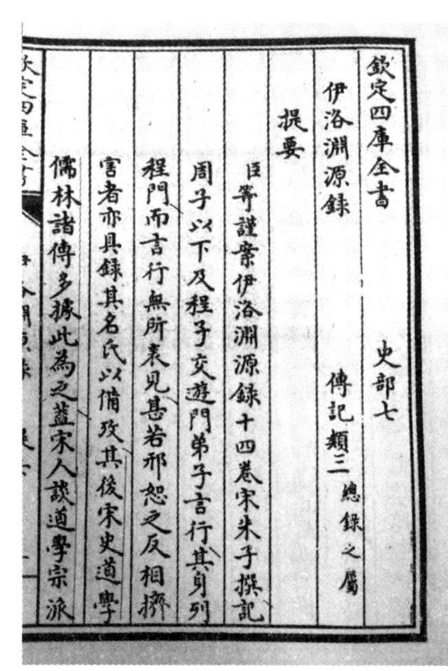
欽定四庫全書

伊洛淵源錄　史部七

傳記類三　總錄之屬

提要

臣等謹案伊洛淵源錄十四卷宋朱子撰記
周子以下及程子交遊門弟子言行其身列
程門而言行無所表見甚若邢恕之反相擠
害者亦具錄其名氏以備考其後宋史道學
儒林諸傳多據此為之蓋宋人談道學宗派

《伊洛渊源录》书影

病饥踣于道者，随所在申县，县令寺舍饮食之。欲人之入吾境者，无不得其所也。其事未及行，而余以罪去官，至今以为恨。（见《龟山语录》）

六

元城刘公问胡珵曰："毗陵莫常得书中立，安否？"曰："杨先生近有除命以秘书郎召对。"公曰："谁所荐？"曰："传闻是蔡攸公。"曰："此曹立党相倾，不知中立肯来否？"（见《道护录》）

七

胡文定公与杨大谏书曰："大谏初承诏命，众议有疑。安国独以为以明道先生之心为心者，裂裳裹足，不俟屦而在途也。"

又与宰相书曰："龙图阁直学士致仕杨公时，造养深远，烛理甚明，混迹同尘，知之者鲜。（知之者，知其文学而已；不知者，以为蔡氏所引。此公无求于人，蔡氏焉能浼之。）公行年八十，志气未衰。精力少年，殆不能及。上方向意儒学，日新圣德，延礼此老，置之经席，朝夕咨访，裨补必多。至如裁决危疑，经理世务，若烛照数计而龟卜，又可助相府之忠谋也。"

又答胡应仲书之："杨先生世事殊不屑意，虽袒裼裸裎，不以为浼。"（见《胡文定公集》）

八

昔西南夷人，尝以梅圣俞雪诗织布，而永叔只于野录载之其事，不入志铭。然则姓名为蛮君长所知，岂足道哉！龟山《行状》中载高丽国王事，所以不得书也。（见《胡氏传家录》）

九

公讳迪，字遵道……以告来世。（详见前《韦斋集》）

《伊洛渊源录》的卷六、七、八、九、十一、十二、十三、十四，则是收录了横渠先生（张载）、谢学士（谢良佐）、游察院（游酢）、尹侍讲（伊焞）、吕正字（吕大临）、胡文定公（胡安国）等四十三位学者的资料，而且都是两人或多人合在一起的。从这样的体例编排来看，就足以证明杨时在朱熹心中的地位。

《伊洛渊源录》刊行后，“《宋史》道学儒林诸传，多据此为之。盖宋人谈道学宗派，自此书始。而宋人分道学门户，亦自此书始。”（《四库提要·伊洛渊源录》）

（四）朱熹多次为杨时的文章题跋

朱熹曾为杨时的诸多文章撰写了跋文。

1. 朱熹跋《陈居士传》

大观三年戊子（1108），杨时为其已逝的外祖父陈选写了《陈居士传》。

陈居士传

〔宋〕杨时

陈选，南剑州将乐人，世以豪赀为乡间大姓。其为人忠信愿悫，不妄与人交。晨兴，正冠修容，坐堂上，夫妇相对如宾。非庆吊，未尝出门，虽连墙，有经时不见其面者。间有所之，必箯而后往。家人俟其归，其迹可数也。平居恂恂，人莫见其喜怒，闺门之内雍如也。其遇人，无长幼，必尽诚敬，虽横逆有恶声至，如弗闻。视其容貌泊然，若无足芥蒂者，以故人亦信之。后虽有喜侵暴者，不敢犯也。卒年四十六。

龟山杨某曰：“予尝读《沈公笔谈》，见其所载杜生事。沈公自谓时方有军事，至夜未卧，罢甚，僚属有谈杜生者，闻之，不觉肃然，忘其劳。考公之所为，于杜生几可无悔矣。非其中有所养，讵能若是哉？惜公之亡，子尚幼，未能究知其所有，故不得而备论之也。当是时，陋郊小邑，无缙绅先生，明道德之归以觉斯人，又无高世之士，含德隐耀，相与熏陶浸灌，辅成其美。此予所深嗟而屡叹之也。然观其襟度夷旷，不可污挠，盖有非学之所能至者。世之薄夫浅子，一有戾己，仅如毛发，则悻悻然见于颜面，必反之而后已，其视公为如何？故特为之论著，以示其子孙，使知先世所以遗己者，在此不在彼也。”

公少时有故人将亡，子尚幼，以白金数镒委之者。比其子壮，公召与之。其子矍然谢之，初弗知也。盖其信义足以托孤如此。然此在公为不足书者，而邑人以是多公。故并述之，附于其末。

陈居士，即陈选（杨时外祖父），“字舜举，读书尚气节。遭宋末，隐居耕樵以为业。”（明弘治《将乐县志·人物志》）

传文面世后，陈瓘、邹浩、游酢、李纲纷纷撰写了跋文。

淳熙庚子季春（1180），朱熹的门生、将乐人邓绹携杨时所作《陈居士传》问学于朱熹，朱熹为之题写了跋文。

熹少读《龟山先生文集》，固已想见居士之为人，今得邓生绹所携墨本观之，又见了翁、道乡、游察院、李丞相、张侍郎诸辈称述之盛如此，不胜慨叹。

夫居士之为人，盖子夏所谓“虽曰未学，吾必谓之学者”，先生犹叹其莫有开导而辅成之者。吾侪小人，资本薄恶，其可不汲汲于学问，以矫厉而切磋之耶？因敬书其后，既以自警，且以示诸同志者。

淳熙庚子季春，新安朱熹书于南康郡舍之拙斋。

邓絅，字卫老；邓绹，字邦老。兄弟同受学于晦庵朱先生之门。（明万历《将乐县志·人物志》）

2. 朱熹书龟山帖跋

杨时外祖父陈选墓碑

淳熙十五年戊申（1188）三月，朱熹入都奏事。六月，除兵部郎官，辞免诏依旧职名江西提刑。十二日离临安，过桐庐、兰溪。六月十六日书龟山帖跋：

杨、陈二公（杨时、陈瓘）论《易》有不同者。杨公之词平缓如此。夫二公之间岂有所嫌疑、畏避而然哉？亦其德盛仁熟而自无鄙倍耳。杨公于先天之学有所未讲，则阙而不论，其不自欺又如此，尤后学之所宜取法也。

淳熙戊申六月十六日新安朱熹书。（明万历《将乐县志·词翰志》）

跋文中不仅肯定了杨时"德盛仁熟而自无鄙倍"，而且赞扬了杨时"不自欺"的学习态度，并要求"后学之所宜取法"。

3. 朱熹为杨时《列子解》题跋

淳熙十六年己酉（1189）夏，将乐邓绹又将杨时之曾孙杨琳家藏本《列子解》抄寄给朱熹。朱熹阅后认定其跋语是伪作，于是写了《跋讹传龟山〈列子解〉后》：

龟山之见二先生，在元丰之初。此书作于其前，故不足怪。跋语则出于其后，而有非所宜言者矣。岂其后人有惜是书而不忍弃者，托为是语以重之欤？噫！是书则传，而其为龟山之累也甚矣。向见沈公雅说有此书，初不敢信。淳熙己酉夏，将乐邓绹为写寄来，因得记其所疑于后。且细读跋语中用字下语多不中律令，与龟山他文不类，其伪妄不疑。但不知何人所作耳。七月三日某书。（《朱文公文集别集》卷七）

熙宁九年丙辰（1076）五月，杨时的岳父余适去世。杨时因“方举进士，窃名仕籍，而君之葬，不得临穴视之”。（杨时《居士余君墓表》）杨时念其“晚以诗酒自娱，尤喜读《列子》书”，又“窃悲君之无后”，遂于次年著《列子解》。（宋黄去疾《龟山先生文靖杨公年谱》）

《列子》是战国早期列子及其后学所著的一本哲学著作，后被尊为《冲虚真经》。其思想主旨近于老庄，追求一种冲虚自然的境界。书中的种种传说及寓言故事，都体现了道家对精神自由的心驰神往，佛家多引用之，但与儒家所倡道的“不语怪力乱神”和“正心、诚意、修身、齐家、治国、平天下”是相悖的。杨时青年时期，受岳父余适的影响，曾著《列子解》。但自从师事二程之后，“信至笃，学至诚，业至精”。即使是在程颐“以罪流窜涪陵，其垂言之训为世大禁，学者胶口无敢复道”，士大夫之间盛行佛学的情况下，他与谢显道仍宗洛学不变。此后更是以倡明道学为己任，著书讲学，被东南学者推为“程氏正宗”。可“其后人有惜是书而不忍弃者”，不但珍藏其书，而且将“不知何人所作”之跋一并珍藏，欲“托为是语以重之”。朱熹出于对杨时正面形象的维护和站在历史高度上分析，提醒杨氏后裔“是书则传，而其为龟山之累也甚矣”，并尖锐指出“其伪妄不疑”。充分体现了朱熹的远见卓识和渊博学识。

（五）朱熹为杨时的长子杨迪的遗文作跋

杨时长子杨迪学问亦卓著，“少抱遗经游伊川之门，多士咸敛手

推先。伊川尝答龟山书曰：‘令子名迪者，好学质美，当成远器。其于《易》《春秋》尤精诣。’”（明万历《将乐县志·人物志》）

淳熙十五年（1188），将乐邓陶将杨迪孙子杨璇所收的遗文给朱熹看，朱熹阅后为之题跋。

跋杨遵道遗文

〔宋〕朱熹

先君子尝识杨公遵道之墓记，其论说梗概皆极精诣，且言其平生为文数百篇，存者十一二，且熹每伏读家集至此，未尝不掩卷太息，恨其为文之散逸，而其幸存者亦不得而见之也。近乃得此编于将乐邓绚，而绚得之公孙璇者，急披疾读，惊喜幸甚！然其文不过五六篇，而墓识所书论庄周语不复见，则视作识时，所失亡又已多矣。遂读至上伊川先生论《易》第二书，则喟然叹曰：“是所谓发微诣极、冰解的破者耶！”至于陈、李异同之辨，则恨未有以见其取舍之决，惜乎不得其全书，而考之也。独纤经疏祔母而始迁，远祖享先而杂用异教，虽云代作，恐亦非公所宜为者，岂其岁月久远，次辑之际，容或有乱真者欤。故书其后，如此以告观者，使不唯于杨公之学有以考焉，而于吾先君子之作有以信其非世俗谀墓之文也。识言后若干年，始克葬公某处。璇为邓言：公先已葬将乐县垂惠乡珠林山。识时盖将改葬，故其言如此，然竟不果，且欲属熹更定其字。熹谢不敢，因并记之以见其实云。

文中既抒发了朱熹得文后“急披疾读，惊喜幸甚”之感和恨其“所失亡又已多矣”之叹，同时也表达了“是所谓发微诣极、冰解的破者耶”之赞誉。

（六）朱熹有关杨时的其他评论

朱熹吸收了杨时的学术研究成果，并集诸儒之大成，创立了自己的理学体系，但却没有因杨时是“道南”祖师、“程氏正宗”而全盘照搬，在继承和发展杨时所倡导的道学过程中，朱熹对杨时的观点是该赞扬的赞扬，该肯定的肯定，该质疑的质疑，该批评的批评，体现了一种实事求是的态度。

如《朱子语类》卷十九《论语·学而篇》：

问《道千乘之国》章。曰：“龟山说此处，极好看。今若治国不本此五者，则君臣上下漠然无干涉，何以为国！”又问：“须是先有此五者，方可议及礼乐刑政。”曰：“且要就此五者，反复推寻，看古人治国之势要。此五者极好看，若每章翻来复去，看得分明，若看十章，敢道便有长进！”

又《论语·学而篇》：

文振说“道千乘之国”，曰：“龟山最说得好，须看此五者是要紧。古圣王所以必如此者，盖有是五者，而后上之意接于下，下之情高始得亲于上。上下相关，方可以为治。若无此五者，则君抗然于上，而民盖不知所向。有此五者，方始得上下交接。”

《朱子语类》卷三十八《论语·乡党篇》：

问：“‘康子馈药，拜而受之’，看此一事，见圣人应接之间，义理发见，极其周密。”曰：“这般所在，却是龟山看得子细，云：‘大夫有赐，拜而受之，礼也；未达不敢尝，所以慎疾；必告之，直也。直而有礼，故其直不绞。’龟山为人粘泥，故说之较密。”

《朱子语类》卷四十二：

问："杨氏谓：'欲民之不为盗，在不欲而已。'横渠谓：'欲生于不足，则民盗。能使无欲，则民自不为盗。假设以子不欲之物，赏子使窃，子必不窃。故为政在乎足民，使无所欲而已。'如横渠说，则是当面以季康子比盗矣。孔子于季康子虽不纯于为臣，要之孔子必不面斥之如此。圣人气象，恐不若是。如杨氏之说，只是责季康子之贪，然气象和平，不如此之峻厉。今欲且从杨说，如何？"曰："善。"

《朱子语类》卷五十三《孟子·公孙丑上》：

龟山答人问赤子入井，令求所以然一段，好。

《朱子语类》卷六十四《易一》：

龟山过黄亭詹季鲁家。季鲁问《易》。龟山取一张纸画个圆圈，用墨涂其中，云："这便是《易》。"此说极好。《易》只是一阴一阳，做出许多般样。

《朱子语类》卷六十七《易三》：

用龟山《易》参看《易传》数段，见其大小得失。

《朱子语类》卷一〇一《程子门人·总论》：

伊川之门，谢上蔡自禅门来，其说亦有着。张思叔最后进，然深惜其早世，使天予之年，殆不可量。其他门人多出仕宦四方，研磨亦少。杨龟山最老，其所得亦深。

《朱子语类》卷一〇一《程子门人·杨中立》：

龟山天资高，朴实简易；然所见一定，更不须穷究。某尝谓这般人，皆是天资出人，非假学力。如龟山极是简易，衣服也只据见定。终日坐在门限上，人犯之亦不较。其简率皆如此。

《朱子语类》卷一〇一《程子门人·杨中立》：

龟山与范济美言："学者须当以求仁为要。求仁，则'刚、毅、木、讷近仁'，一言为要。"先生曰："今之学者，亦不消专以求仁为念；相将只去看说仁处，他处尽遗了。须要将一部《论语》，粗粗细细，一齐理会去，自然有贯通处，却会得仁，方好。又，今人说曾子只是以鲁得之，盖曾子是资质省力易学。设使如今人之鲁，也不济事。范济美博学高才，俊甚，故龟山只引'刚、毅、木、讷'告之，非定理也。"

《朱子语类》卷一〇二《杨氏门人·廖用中》：

龟山与廖尚书说以义利事。廖云："义利即是天理人欲。"龟山曰："只怕贤错认，以利为义也。"后来被召主和议，果如龟山说。……因言廖用中议和事，云："廖用中固非诡随者，但见道理不曾分晓。"当时龟山已尝有语云"恐子以利为义"者，政为是也。

尤其是在当时许多人对杨时晚年由蔡京之子荐于朝和批判王安石之事不理解时，朱熹能站在公正的立场，极力为杨时辩护，并充分肯定他的道德品质和在朝中所发挥的作用。

如《朱子语类》卷一〇一《程子门人·杨中立》：

蔡京在政府，问人材于其族子蔡子应，（端明之孙）以张柔直对。张时在部注拟，京令子应招之，授之门馆。张至，以师礼自尊，京之弟子怪之。一日，张教京家弟子习走。其子弟云："从来先生教某们慢行，今令行走，何也？"张云："乃公作相久，败坏天下。相次盗起，先杀汝家人，惟善走者可脱，何得不习！”家人以为心风，白京。京愀然曰：“此人非病风。”召与语，问所以扶救今日之道及人材可用者。张公遂言龟山杨公诸人姓名，自是京父子始知有杨先生。

问：“龟山晚岁一出，为士子诟骂，果有之否？”曰：“他当时一出，追夺荆公王爵，罢配享夫子，且欲毁劈《三经》板。士子不乐，遂相与聚问《三经》有何不可，辄欲毁之？当时龟山亦谨避之。”问：“或者疑龟山此出为无补于事，徒尔纷纷。或以为大贤出处不可以此议，如何？”曰：“龟山此行固是有病，但只后人又何曾梦到他地位在！惟胡文定以柳下惠‘援而止之而止’比之，极好。”

龟山之出，人多议之。惟胡文定之言曰：“当时若能听用，决须救得一半。”此语最公，盖龟山当此时虽负重名，亦无杀活手段。若谓其怀蔡氏汲引之恩，力庇其子，至有“谨勿击居安”之语，则诬矣。幸而此言出于孙觌，人自不信。

靖康名流，多是蔡京晚年牢笼出来底人才，伯纪（李纲）亦所不免，如李泰发（李光）是甚次硬底人，亦为京所罗致，他可知矣。

坐客问龟山立朝事。曰：“故文定论得好：‘朝廷若委吴元忠辈推行其说，决须救得一半，不至如后来狼狈。’然当时国势已如此，虏初退后，便须急急理会，如救焚拯溺。诸公今日论蔡京，明日论王黼，当时奸党各已行遣了，只管理会不休，担搁了日子。如吴元忠、李伯纪向来亦是蔡京引用，免不得略遮庇，只管吃人议论。龟山亦被孙觌辈窘扰。”

伯夷微似老子。胡文定作《龟山墓志》，主张龟山似柳下惠，看来是如此。

孙觌见龟山撰《曾内翰行状》，曰：“杨中立却会做文字。”先生（朱熹）

曰："龟山曾理会文字来。"李先生（李侗）尝云："人见龟山似不管事，然其晓事也。"

李先生（李侗）言："龟山对刘器之言，为贫。文定代云竿木云云，不若龟山之逊避也。"

先生（黄干）问："寻常《精义》，自二程外，孰得？"曰："自二程外，诸说恐不相上下。"又问蜚卿。答曰："自二程外，唯龟山胜。"（《朱子语类》卷十九）

又问："读书宜以何为法？"曰："须少看。凡读书须子细研读讲究，不可放过。……昔五峰于京师问龟山读书法，龟山云：'先读《论语》。'五峰问：'《论语》二十篇，以何为紧要？'龟山曰：'事事紧要。'看此可见。"（《朱子语类》卷一一八）

在肯定龟山的同时，朱熹对其不足之处，也能大胆指出。如对于杨时讲格物在于"反身而诚"，朱熹给予了充分的肯定，在《朱子语类》卷十八中，他明确指出："龟山说'反身而诚'，却大段好。须是反身，乃见得道理分明。如孝如弟，须见得孝弟，我元有在这里。若能反身，争多少事。"而对于杨时所认为的"万物皆备于我，不须外面求"，朱熹则指出"此却错了"，"若果如此，则圣贤都易做了"。因为不是所有事物的原理在人身上都可找到，还必须到外面去探求。他说："近世如龟山之论，便是如此，以为反身而诚，则天下万物之理皆备于我，万物之理须你逐一去看，理会过方可，如何会反身而诚了，天下万物之理便自然备于我？成个什么？"（《朱子语类》卷六十二）他还说："反身而诚，乃为物格知至以后之事，言其穷理之至，无所不尽，故凡天下之理，反求诸身，皆有以见，其如目视、耳听、手持、足行之毕具于此，而无毫发之不实耳。固非以是方为格物之事，亦不谓但务反求诸身，而天下之理，自然无不诚也。""杨氏反身之说为未安耳，盖反身而诚者，物格知至，而反之未身，则所明之善无不实有。如前所谓‘如恶恶臭，如好好色’者，而其所行自无内外、隐显之殊耳。若知有未至，则反之而不诚者多矣。安得真谓但能反求诸身则不待求之于外，而万物之理皆备于我而无不诚哉？况格物之功，正在即事即物而各求其理，今乃反欲离去事物而专务求之于身，尤非《大学》之本意矣。”《四书或问》“龟山于天下事极明得，如言治道与官府政事，至纤至细处，亦晓得，到这里却恁说，次第他把来做两截看了。”（《朱子语类》卷十八《大学》）

对于杨时的“于静中体认大本”的为学与养心之方，朱熹既肯定了他读书的一面，也认为这是“龟山门下相传指诀”，对其门人有深远的影响。当朱熹门人问：“龟山之学云：‘以身体之，以心验之，从容自得于燕闲静一之中。’李先生（侗）学于龟山，其源流是如此。”朱熹则答曰：“龟山只是要闲散，然却读书，尹和靖便不读书。”他还说：“李先生教人，大抵令于静中体认大本未发时气象分明，即处事应物自然中节，此乃龟山门下相传指诀。”并发出“余蚤从延平李先生学，受《中庸》之书，求喜怒哀乐未发之旨未达，而先生没”之叹。但朱熹通过自己的独立思考后，对杨时这种“默坐澄心”的“体验未发”之法大胆地进行了质疑。他说：“某自五六岁，便烦恼道：天地四边之外是什么物事？见人说四方天边，某思量也须有个尽处。如这壁相似，壁后也许有什么物事。某时思量得几乎成病，到而今也未知那壁后是何物。”他还说：“龟山所谓‘未发之际能体所谓中，已发之际能得所谓和’，此语为近之，然未免有病。旧闻李先生论此最详，后来所见不同，遂不复致思……当时既不领略，后来又不深思，遂成嗟过，孤负此翁耳。”

《朱子语类》中还有不少朱子对龟山先生的评价：

杨氏以义利为君子、小人之别，其说皆通。而于深浅之间，似不可不别。窃谓小人之得名有三，而为人，为利，徇外务末，其过亦有浅深。

问："《横浦语录》载张子韶戒杀，不食蟹。高抑崇相对，故食之。龟山云：'子韶不杀，抑崇故杀，不可。'抑崇退，龟山问子韶：'周公何如人？'对曰：'仁人。'曰：'周公驱猛兽，兼夷狄，灭国者五十，何尝不杀？亦去不仁以行其仁耳。'"先生曰："此特见其非不杀耳，犹有未尽。须知上古圣人制为罔罟佃渔，食禽兽之肉。但'君子远庖厨'，不暴殄天物。须如此说，方切事物。"

李先生居处有常，不作费力事。……亦尝为任希纯教授延入学作职事，居常无甚异同，颓如也。真得龟山法门，亦尝议龟山之失。

凡看文字，诸家说异同处最可观。某旧日看文字，专看异同处。如谢上蔡之说如彼，杨龟山之说如此，何者为得？何者为失？所以为得者是如何？所以为失者是如何？

《龟山集》中有《政日录》数段，却好。盖龟山长于攻王氏。然《三经义辨》中亦有不必辨者，却有当辨而不曾辨者。

杨时的"中庸"说是朱熹诠释《中庸》的重要思想渊源。如龟山称《中庸》首章为"一篇之体要"，被朱熹引入《中庸章句》中；朱熹还称"龟山杨子'天命之谓性，人欲非性也'，却是此语直截"。"龟山'人欲非性'之说自好"。对《中庸》首章"修道之谓教"的解释，朱熹也认为"游、杨说好，谓修者只是品节之也"。对第六章"执其两端"的解释，朱熹则认为"两端之说，吕、杨为优"。对第二十六章"至诚无息"的解释，朱熹也认为"杨氏动以天，故无息之语，甚善！"

但是，朱熹对杨时的《中庸》说总体评价却不甚高。在弟子问及程门游酢、杨时、吕（大临）、侯（师圣）四家的《中庸》说孰优时，朱熹回答说：

此非后学所敢言也。但以程子之言论之，则于吕称其深潜缜密；于游称其颖悟温厚；谓杨不及游，而亦每称其颖悟；谓侯氏之言，但可隔壁听。今且熟复其言，究核其意，而以此语证之，则其高下浅深亦可见矣。过此以往，则非后学所敢言也。（《四书或问》）

朱熹在此虽然说“此非后学所敢言也”，但是，他还是借“程子之言论”，给诸子排定了座次，即吕、游、杨、侯。此外，朱熹在其他场合和文章中，也多次对杨时的《中庸》说提出了批评，如：

李先生说：“陈几叟辈皆以杨氏《中庸》不如吕氏。”先生曰：“吕氏饱满充实。”

龟山的人自言龟山《中庸》枯燥，不如与叔（吕大临）浃洽。先生曰：“与叔却似行到，他人如登高望远。”

游、杨诸公解《中庸》，引书语皆失本意。

又曰：“《大学》所以说格物，却不说穷理。盖说穷理，则以悬空无捉摸处。只说格物，则只就那形而下之器上，便寻那形而上之道，便见得这个元不相离，所以只说格物。‘天生烝民，有物有则。’所谓道者是如此，何尝说物便是则。龟山便指那物做则，只是就这物上分精粗为物则。如云目是物也，目之视乃则也；耳物也，耳之听乃则也。殊不知目视而听，依旧是物；其视之明，听之聪，方是则也。龟山又云：‘伊尹之耕于莘野，此农夫田父之所日用者，而乐在是’（以上皆出自《朱子语类》卷六十二）。如此，则世间伊尹多矣！龟山说话，大概有此病。”

龟山《中庸》有可疑处，如论“《中庸》不可能”“不可以为道”，“鬼神之为德等章，实有病”。

朱熹对程门诸子在注解《中庸》的过程中“颇详尽而多所发明”有所赞扬，但对他们“倍其师说而淫于老佛者”，亦有尖锐的批评，其中也包含龟山在内。如《朱子语类》所载：

伊川之门，谢上蔡自禅门来，其说亦有着。张思叔最后进，然深惜其早世，使天予之年，殆不可量。其他门人多出仕宦四方，研磨亦少。杨龟山最老，其所得亦深。

程门高弟如谢上蔡、游定夫、杨龟山辈，下梢皆入禅学去，必是程先生当初说得高了，他们只见一截，少下面着实工夫，故流弊至此。

一日，论伊川门人，云：“多流入于释氏。”文蔚曰：“只是游定夫如此，恐龟山辈不如此。”曰：“只《论语序》，便可见。”

程门诸子，在当时亲见二程，至于释氏，却多看不破，是不可晓。观《中庸说》可见。如龟山云：“吾儒与释氏，其差只在眇忽之间。”其谓何止眇忽？直是从源头便不同。

儒者以理为不生不灭，释氏以神识为不生不灭。龟山云：“儒、释之辩，其差眇忽。以某观之，真似冰炭。”

龟山张皇佛氏之势，亦如李邺张皇金虏也。

此外，对于杨时的一些其他不足之处，朱熹也坦率地提出了批评：

龟山解文字著述，无纲要。

龟山文字议论，如手捉一物正紧，忽坠地，此由其气弱。

龟山言：“天命之谓性，人欲非性也。”天命之善，本是无人欲，不必如此立说。《知言》云：“天理人欲，同体而异同，同行而异情。”自是它全看错了。

尽管朱熹对杨时的某些理学思想曾提出过一些批评，但无妨于他在编注《四书章句集注》《论孟精义》过程中汲取和采纳许多杨时的观点，无妨于他对杨时的高度赞扬，无妨于他对自己是龟山“门下生”的认定。他曾在龟山先生遗像上题曰：“孔颜道脉，程子箴规。先生之德，百世所师。门下生朱熹拜赠。”

朱熹题赞的杨时遗像

朱熹还为杨时画像题赞曰：

大学失绪，病在人心。昔子与子，闲卫圣真。

推彼厥功，以“亚圣”称。适至我翁，继统而兴。

理阐“性命”，学悟“执中”。天开长夜，人坐春风。

值彼荆国，籍倡《新经》。诋非先哲，聋聩蒸民。

士趋蹊径，性散本真。“精一”之旨，眩惑弥深。

惟微脉绝，时事孔殷。翁独毅然，距阙诐淫。

力黜其配，理毁其经。人心斯正，吾道日星。

功符孟氏，德续先声。

宋隆兴元年（1163）李侗逝世，次年朱熹返回福建，写了《祭李延平先生文》：

道丧千载，两程勃兴。有的其绪，龟山是承。
龟山之南，道则与俱。有觉其徒，望门以趋。
唯时豫章，传得其宗。一箪一瓢，凛然高风。

猗欤先生，果自得师。身世两忘，惟道是资。
精义造约，穷深极微。冻解冰释，发于天机。
乾端坤倪，鬼秘神彰。风霆之变，日月之光。
爰暨山川，草木昆虫。人伦之正，王道之中。
一以贯之，其外无馀。缕析毫差，其分则殊。
体用混元，隐显昭融。万变并酬，浮云太空。
仁孝友弟，洒落诚明。清通和乐，展也大成。
婆娑坵林，世莫我知。优哉游哉，卒岁以嬉。
迨其季年，德盛道尊。有来抠衣，发其蔽昏。
侯伯闻风，拥彗以迎。大本大经，是度是程。
税驾云初，讲义有端。疾病乘之，医穷技殚。
呜呼先生，而止于斯。命之不融，谁实尸之。
合散屈伸，消息满虚。廓然大公，与化为徒。
古今一息，曷计短长。物我一身，孰为穷通。
嗟嗟圣学，不绝如线。先生得之，既厚以全。
进未获施，退未及传。殉身以殁，孰云非天。
熹也小生，卯角趋拜。恭惟先生，实共源派。
訚訚侃侃，敛衽推先。冰壶秋月，谓公则然。
施及后人，敢渝斯志。从游十年，诱掖谆至。
春山朝荣，秋堂夜空。即事即理，无幽不穷。
相期日深，见励弥切。蹇步方休，鞭绳已掣。
安车署行，过我衡门。返饰相遭，凉秋已分。
熹于此时，适有命召。问所宜言，反覆教诏。
最后有言，吾子勉之。凡兹众理，子所自知。
奉以周旋，幸不失坠。归装朝严，讣音夕至。
失声长号，泪落悬泉。何意斯言，而诀终天。

病不举扶，没不饭含。奔走后人，死有馀憾。
仪形永隔，卒业无期。坠绪茫茫，孰知我悲。
伏哭柩前，奉奠以贽。不亡者存，鉴此诚意。
又山颓梁坏，岁月不留。即远有期，亲宾毕会。
柳车既饬，薤露怀悲。生荣死哀，孰不推慕。
熹等久依教育，义重恩深。学未传心，言徒在耳。
载瞻穗绛，弥切悲伤。筑室三年，莫酬夙志。
举觞一恸，永诀终天。呜呼哀哉！

这篇祭文说自孟子之后，儒学道统已经失传了千年以上，直到二程出现才得以延续。杨时立雪程门，师事二程，尽得二程不传之秘，倡道东南，将道统传给了罗从彦，罗从彦又传给了李侗。而自己有幸师事李侗，成为千古以来道统的正宗传承者，并以此为自豪。文中提到“实共源派”，指的就是朱熹与其师李侗共出于杨时所传的伊洛正宗。

《宋史·道学列传》称：“凡绍兴初崇尚元祐学术，而朱熹、张栻之学得程氏之正，其源委脉络皆出于时。”朱熹的门人及孙婿赵师夏也在《宋嘉定姑孰刻本延平答问跋》中称：“延平李先生之学，得之仲素罗先生；罗先生之学，得之龟山杨先生。龟山盖伊洛之高弟也……文公幼孤，从屏山刘公学问。及仕，以父执事延平而已，至于论学，盖未之契，而文公每诵其闻，延平亦莫之许也。文公领簿同安，反复延平之言，若有所得者，于是尽弃所学而师事焉。”“今文公先生之言布满天下，光明俊伟”，是“实延平先生一言之绪也”。

关于杨时与朱熹的渊源，复旦大学哲学系教授蔡尚思先生曾有一段精辟的论述。蔡尚思先生在《杨时在中国文化史上的地位——杨时是理学南传与闽学的祖师》一文中说道：

无论在中国文化史上、学术史上、思想史上、哲学史上、伦理学史上都居于主要位置的是宋代理学，宋代理学中最重要的是闽学一派，闽学一派中最重要的是朱熹。朱熹之学来自二程与杨时。杨时是中国理学由北传南的关键人物，所以被称为闽学创始人。闽学的祖师是杨时而不是朱熹，朱熹是闽派，也是理学的集大成者。但是，如果没有杨时把理学传入闽北，也不可能造就朱熹。

为此，他赋诗赞曰：

鲁南有孔孟，闽北出杨朱。
古代人文上，均成为楷模。

参考书目

1. 明弘治《将乐县志》，〔明〕何士麟、李敏修纂。将乐县档案馆藏。

2. 明万历《将乐县志》，〔明〕黄仕祯纂。将乐县档案馆藏。

3. 清乾隆《将乐县志》，〔清〕徐观海修纂。将乐县档案馆藏。

4. 影印文渊阁四库全书《龟山集》，（〔宋〕杨时撰。将乐县杨时纪念馆藏。

5. 影印文渊阁四库全书《韦斋集》，〔宋〕朱松撰。将乐县杨时纪念馆藏。

6. 影印文渊阁四库全书《伊洛渊源录》，〔宋〕朱熹撰。将乐县杨时纪念馆藏。

7. 影印文渊阁四库全书《龟山语录》，〔宋〕朱熹撰。将乐县杨时纪念馆藏。

8. 影印《退溪集》，〔韩〕李退溪撰。将乐县杨时纪念馆藏。

9. 明弘治《八闽通志》，〔明〕黄仲昭修纂。福建省地方志编纂委员会整理，福建人民出版社 2006 年出版。

10. 清顺治《延平府志》，〔清〕孔自洙、吴殿龄等修纂。福建省地方志编纂委员会整理，厦门大学出版社 2010 年出版。

11.《杨时文化大典》，方彦寿、范立生主编。中国姓氏文化出版社 2013 年出版。